LA FARCE
DE LA SORBONNE

DU MÊME AUTEUR

LES SOUTIENS DE LA SOCIÉTÉ

LES JUSTICES DE PAIX, ou LES VINGT FAÇONS DE JUGER DANS PARIS. (A. Fayard et Cⁱᵉ, éditeurs.)

LE PALAIS ET SES GENS DE JUSTICE. (A. Fayard et Cⁱᵉ, éditeurs.)

PARIS, SA FAUNE ET SES MŒURS

L'HOTEL DES VENTES, avec les dessins de Jean Lefort. (A. Fayard et Cⁱᵉ, éditeurs.)

LA GUERRE

GASPARD. [Prix Goncourt 1915]. (A. Fayard et Cⁱᵉ, édit.)
SOUS LE CIEL DE FRANCE. (A. Fayard et Cⁱᵉ, éditeurs.)
LE MAJOR PIPE ET SON PÈRE. (A. Fayard et Cⁱᵉ, édit.)
LES RAPATRIÉS.
GRANDGOUJON. (A. Fayard et Cⁱᵉ, éditeurs.)

LA PAIX

AMADOU, bolcheviste. (A. Fayard et Cⁱᵉ, éditeurs.)

RENÉ BENJAMIN

LA FARCE

DE LA

SORBONNE

« ...Cet *Asinarium* de Paris. »
Victor Hugo.

PARIS

ARTHÈME FAYARD & Cᴵᴱ, ÉDITEURS

18-20, RUE DU SAINT-GOTHARD

A JEAN VARIOT

I

OÙ L'AUTEUR,
ENCORE A L'ÂGE INNOCENT,
RENCONTRE
POUR LA PREMIÈRE FOIS
DES SAVANTS
A CHAPEAUX POINTUS

On rajeunit aux souvenirs d'enfance.
Comme on renaît au souffle du printemps.
                        BÉRANGER.

Aux yeux de beaucoup d'esprits, qui traînent des convictions comme de vieilles habitudes, la Sorbonne reste une des gloires de la France. C'est un fétichisme qui me surprend, car ma mémoire ne garde de mes passages dans cette maison-mère de l'Université, que des images sans aucun sérieux.

Du lycée où l'on m'instruisit, c'est-à-dire où je transcrivais sur des cahiers ce qui était imprimé dans mes livres, on m'expédia pour la première fois à la Sorbonne vers mes quinze ans, afin que je prisse part à ce qu'on appelait pompeusement le *Concours Général*. J'en revois tous les détails avec l'exactitude qu'ont les souvenirs de nos grands étonnements. Rendez-vous à sept heures du matin, rue Saint-Jacques, devant la Tour universitaire qui ressemble à celle de la gare du P.-L.-M. Là s'assemblaient les meilleurs élèves des meilleurs lycées. Ils parlaient fort, brandissaient des dictionnaires importants; ils me choquaient tous par leurs échanges de vanités; et je me trouvais soudain une sympathie secrète pour les cancres, si modestes.

Puis, sur le seuil de la Faculté paraissait le groupe de nos censeurs. Chacun de nous, à l'appel de son nom, passait devant le sien, qui lui remettait un droit d'entrée d'un geste si digne que, pour ma part, j'en restais stupide et le cœur battant. Je montais avec peine les six étages menant à la salle du Concours... Ouf! On atteignait les combles!... Là, des maîtres nous désignaient gravement une table. Nous étalions nos papiers; nous sortions un déjeuner froid, car l'épreuve devait durer jusqu'au milieu de l'après-midi... Silence... Trois coups de règle... Et un Monsieur, toujours vieux et toujours triste, décachetait un vaste pli, duquel, solennellement, il tirait non pas un ordre de mobilisation générale, mais une simple et ridicule version latine, revue par l'Académie de Paris, complètement indéchiffrable, ou encore quelque plaisanterie historique, anatomique, philosophique, de ce genre-ci : *Le règne de Marie Stuart. — La Vessie. — Des particularités de l'idée générale.* Ceci énoncé, commençait le temps douloureux, quatre, six, huit heures, de bâillements, de langueur, d'ennui mortel et... de jalousie à voir des pions qui ne faisaient que se promener et lire sur nos épaules avec des moues avantageuses.

Alors, par rage, il m'arrivait d'être imbécile à dessein et, d'une plume satanique, d'écrire exprès ce qui me semblait le plus impersonnel, le plus pédagogique, le plus servilement exact dans les souvenirs que j'apportais de mes cours. Et je jure — je jure sur la tête du Recteur, de l'ancien et du nouveau, — que chaque fois que j'eus ces pensées mauvaises, j'obtins de l'*Alma mater* qu'est l'Université, mention ou accessit. En sorte que le Concours Géné-

ral devint à bref délai une source de joies
pour mon esprit, et qu'à dix-huit ans, lorsqu'il s'agit d'aller suivre toute une année
les cours de la Sorbonne, j'abordai cette
épreuve avec de l'allégresse dans l'humeur.

Ce fut pourtant une triste année, mais
qui s'acheva par une libération réjouis-
sante. Je ne connus que de pauvres maîtres :
M. Lanson qui, pour féconder nos cer-
veaux, dictait, des heures entières, de la
bibliographie; M. Courbaud, qui traduisait
les textes avec l'intelligence toute vive d'un
dictionnaire; M. Gazier et M. Lafaye, si en-
cuistrés ceux-là, qu'ils étaient intolérables
les jours de mélancolie, mais bouffes les
matins de beau temps. — J'eus la chance
que le seul homme d'esprit de la Faculté,
Émile Faguet, me fît passer mes examens.
Il me posa trois questions, auxquelles, lui-
même, répondit coup sur coup; et il se mit
avec contentement une note favorable,
grâce à laquelle je fus nommé je ne sais
quoi ès-lettres.

A la prière de ma famille, je me rendis
au Secrétariat pour y demander mon di-

plôme. Ce lieu spécial était habité par M. Uri, ours sans usages, qui jouit encore, même à l'étranger, d'un renom d'impolitesse assez étendu.

Il m'accueillit, les yeux hors de la tête :

— Qu'est-ce que vous voulez, vous, encore ?

Je répondis froidement :

— Vous voir de près.

Et je sortis, lui faisant cadeau de mon diplôme.

Il l'a toujours. Comme je sais qu'il est économe, il pourra, s'il veut, gratter mon nom dessus, le remplacer par un autre, et le donner au premier Turc venu.

Quelques années passèrent, lorsqu'un de mes jeunes amis atteignit l'âge fatal où l'on subit, en Sorbonne, les épreuves du Baccalauréat.

Son père disait :

— Mon petit, tu es à un tournant de la vie.

Moi je me tournais pour ne pas rire.

Mais comme ils étaient nerveux l'un et l'autre, on proposa de m'emmener. J'accompagnai donc père et fils à l'amphithéâtre, mot qui désigne une salle d'examens ou une salle d'autopsie ; et cette rentrée imprévue dans la Sorbonne me valut une riche journée, dont j'ai toujours plaisir à conter le détail.

M. Seignobos, professeur d'histoire, petit homme impertinent, tout en poils, l'œil moqueur et la voix aigre, dont tous les mots portaient comme des gifles, avait dit à sa victime, dans un ricanement :

— Qu'est-ce vous savez ?... Savez-vous quelque chose ?... Savez rien ?... Alors parlez-moi de n'importe quoi !

Le jeune homme avait protesté :

— Mais, Monsieur... je... je veux bien parler de la question d'Orient...

— Question d'Orient ?... Ah ! Ah !

M. Seignobos en sauta sur sa chaise.

— Eh bien, qu'est-ce est l'Orient ?

— Monsieur, l'Orient comprend les pays...

— Pays orientaux ? Oui, lesquels ?

— La Turquie...

— Turquie ? Ah ! Ah ! Et qu'est c'est la Turquie ?

— Monsieur... c'est un grand État... capitale Constantinople...

— Tiens, vraiment? Et quelle langue parle-t-on dans c't État?

— Le...

— Le quoi?

— Le turc...

— Le turc? Pas p'ssible! Et c't une langue répandue, ça, l' turc?

— Oui... non, Monsieur.

— Est-ce les Arabes parlent aussi l' turc?

— Non... oui, Monsieur.

— Ah! ils parlent le turc? Et l'arabe alors? Quel peuple parle l'arabe?

— Monsieur, ce sont...

— Les Turcs?

— Non, Monsieur. Aussi les Arabes.

— Ah! aussi les Arabes... Aussi est merveilleux! Qu'est c'est les Arabes?

— Un peuple d'Afrique...

— Voyez-vous ça! Et alors l'Afrique, où est l'Afrique? C't en Asie l'Afrique?

— Oh! non, Monsieur... mais l'Afrique... va jusqu'à l'Asie.

— Et l'Arabie, c't en Asie?

— Oui, Monsieur, mais...

— Si c't en Asie, y a pas de mais...

— Je veux dire... il y a... quand même des Arabes en Algérie.

— Et des Algériens?

— Aussi.

— Aussi quoi?

— Enfin... quand on a fait la conquête de l'Algérie...

— Oh, pas de conquêtes, hein, ni de victoires! Ne nous perdons pas dans des matricules ou numéros de régiment! Vous demande des choses simples... Êtes pas capable répondre... Vais pas passer à des sujets compliqués. Où ça se trouve-t-il, l'Algérie?

— Au sud de la France.

— Ah? Et Marseille?

— Euh... Marseille est en bas de la France...

— Alors le sud, c'est plus bas que le bas?

— Monsieur, c'est-à-dire...

— C't-à-dire! C't-à-dire! Jamais rien vu d' pareil à vous, sinon vos semblables! Suffit, allez! Asseyez-vous et taisez-vous!

Mon jeune ami regagna sa place. Il était écarlate. Son père lui dit avec anxiété :

— Eh bien? Eh bien?

Il répondit :

— Eh bien, ça y est : je suis fichu !

— Non?

— Si.

— Mais quelles questions t'a-t-il posées?

— La Turquie... et Marseille.

— Quoi?

— Je n'ai rien compris.

— Oh! C'est ridicule, fit le père. Tu es comme ta mère : aucun sang-froid !

Sur ces mots, je me souviens que M. Gazier l'appela.

M. Gazier, vieille connaissance! Je ne pus retenir un « Ah! » qui me valut un « Chut! » du garçon de salle. Alors, je me frottai les mains en silence.

M. Gazier, dont je n'ai dit qu'un mot, était le contraire de M. Seignobos. Un simple, sans trace d'ironie, qui croyait à l'Université, aux examens, et surtout à M. Gazier. Il avait une noble laideur, où se marquait sa foi. Il regarda ce nouveau candidat avec une sorte d'appétit. Puis, tout de suite, fiévreusement, il lui tendit un La Fontaine, et il dit :

— Expliquez-moi la fable : *Le Chameau et les Bâtons flottants.*

— Oui, Monsieur, répondit docilement notre ami.

— Je vous écoute.

> — Le premier qui vit un chameau
> S'enfuit à cet objet nouveau.

— Arrêtez ! Qu'est-ce que c'est qu'un chameau ?

— Un cha...? Ah ! Monsieur, un chameau... est... un animal... avec une bosse...

— Une bosse ? cria M. Gazier. Jamais de la vie ! Deux bosses ! Toujours deux bosses !... Continuez !

> — Le second approcha ; le troisième osa faire
> Un licou pour le dromadaire.

— Arrêtez ! Qu'est-ce que c'est qu'un dromadaire ?

— Monsieur... euh... un dromadaire... est une sorte de chameau... avec aussi des bosses...

— Des bosses? rugit M. Gazier. Jamais de la vie! Une bosse, une seule, le dromadaire! Mais alors, pourquoi La Fontaine traite-t-il les deux mots comme des synonymes, s'il n'y a pas le même nombre de bosses?...

— Monsieur... parce que...

— Parce que?... Parce qu'il avait besoin d'une rime, parbleu!

— Ah! oui...

— Or, « chameau » rimait mal avec « faire ».

— Bien sûr...

— On peut d'ailleurs l'excuser en remarquant?... en remarquant quoi?

— En remarquant que...

— Que le chameau habite l'Asie, mais que le dromadaire est, somme toute...

— Euh...

— Un chameau d'Afrique!

— Oui, Monsieur.

— Vous dites « Oui », mais vous n'en saviez rien! *(Un temps.)* De plus... ces animaux sobres et doux, sont de la plus grande utilité.

— Oui, Monsieur.

— Pour les longs voyages au désert.

— Dans le Sahara.

— Dans le Sahara ou ailleurs !... Ils portent de lourds fardeaux.

— Très lourds.

— Et ils peuvent rester longtemps sans boire. Voilà. *(Un temps.)* Rendez-moi votre livre... sans l'abîmer... et passons à l'histoire littéraire.

— Oui, Monsieur.

— Qu'est-ce que vous savez de Jean-Jacques Rousseau ?

— De Jean-Ja... Oh ! Monsieur... euh... Jean-Jacques Rousseau est un des écrivains du xviiiᵉ siècle des plus réputés. Il a écrit : *La Nouvelle Héloïse, Le Contrat Social...*

— Je vous en prie, procédons par ordre ! De qui était-il le fils, Jean-Jacques Rousseau ?

— De... d'un horloger.

— Ah ?... Eh bien, est-ce qu'il était bon horloger, le père de Jean-Jacques Rousseau ?

— Oh !... oui, Monsieur.

— Pas du tout ! *(Haussement d'épaules.)*
Je vous pose cette question élémentaire pour
voir justement si vous êtes capable d'un
effort minime d'intelligence. Le père de
Rousseau ne pouvait pas être un bon horloger : il lisait trop de romans.

— Ah ! oui, Monsieur.

— Il passait toute sa nuit à lire des romans ! Puis, au petit jour, quand il entendait les hirondelles, il disait à son fils...
Savez-vous ce qu'il disait à son fils !

— Il disait...

— Il disait à son fils : « Allons nous cou-
cher ; je suis plus enfant que toi ! »

— Oui, oui, Monsieur.

— En fait de « oui », vous n'avez pas
ouvert votre histoire littéraire.

— Oh ! si, Monsieur !

— Si ? Prenons un autre écrivain. Qu'est-
ce que vous savez de Beaumarchais ?

— Monsieur, Beaumarchais est un des
auteurs comiques du dix-huitième siècle
les plus réputés... euh... On a de lui : « *Le
Barbier de Séville* », « *Le Mariage...* »

— Oh ! Oh ! Je vous en prie ! Commençons par le commencement. Qui est son père à Beaumarchais?

— Son père?

— Oui, père. P-è-r-e.

— Monsieur, c'était...

— Quoi?... Allons, sortez-en! C'était un hor...? un horlo...?

— Un horloger!

— Mais bien sûr! Et alors lui, Beaumarchais fils, est-ce qu'il faisait aussi de l'horlogerie?

— Oh! non, Monsieur!

— Comment non! A vingt ans, il avait déjà inventé un nouvel échappement pour les montres! A vingt ans!

— Ah! oui, Monsieur.

— Vous vous rappelez?

— Oui, oui.

— Alors, qu'est-ce qu'il a fait de son échappement?

— Mais... rien, Monsieur.

— Rien? Par exemple! Un horloger célèbre, du nom de Lepautre, essaya de lui voler son invention, et il eut recours à l'Académie des Sciences, qui le défendit.

C'est très important ! *(Haussement d'é-
paules.)* Très ! *(Un temps — deux temps
— trois temps.)* Allons, je vous remercie.

Le pauvre revint vers nous en trébu-
chant. Puis M. Gazier plongea le nez sur
sa feuille, et soudain on l'entendit qui, à
mi-voix, additionnait : « Dix-huit et trois,
vingt, et je retiens un » ; puis il fit la
preuve... recommença... n'en sortit pas...
Désespéré, il appela le professeur de mathématiques. Celui-ci corrigea l'opération...
C'était fini. M. Gazier appela :

— Candidat X...!

Mon ami se leva, nerveux.

— Mon enfant, prononça M. Gazier de
son creux le plus solennel, nous ne sommes
pas contents de vous. (L'enfant pâlit : il
était refusé !) Lorsqu'on a trente-cinq sur
quarante à l'écrit, on mérite la mention
« très bien ». Or, vous n'avez même pas
la mention « bien » ; vous avez seulement
la mention « assez bien ». (L'enfant rougit :
il était reçu !) Vous n'avez, hélas ! justifié
qu'une partie des espérances de la Faculté.

Mon jeune ami éclata de rire ; il courut

embrasser son père qui riait aussi; et nous sortîmes en chantant.

Après cette scène, nouvel entr'acte. Dix ans d'entr'acte. La guerre. La paix. Et voici que tout à coup, en faisant mon inventaire moral, je retrouve intacts mes sentiments de gaîté à l'égard de la Sorbonne.

C'est que, malgré quatre années de massacres, nous gardons saine et sauve l'éternelle blague sociale, où tant de marionnettes officielles sont entretenues avec dévotion. Si mon fils, à vingt ans, se sent assez fort pour, toute sa vie, rire des humains, quel choix lui conseillerai-je entre tant de façons de devenir un charlatan? Aujourd'hui, j'incline pour la carrière de cuistre : une des plus sûres; elle inspire à trop de cœurs une fièvre de respect. Quelle grande chose de coiffer le chapeau de pédant et, du haut d'une chaire, de raisonner de l'esprit des autres ! Poètes, entendez-vous, du fond de l'éternité, en quelle prose ces Messieurs ont le génie de vous traduire? Et vous tous, grands Français, qui fûtes l'honneur des siècles, vos ossements, dans les tombes, ne sont-ils pas émus, quand ces maîtres, éternuant de la poussière de leurs fiches, croient vous ressusciter par la trouvaille d'une date, que votre cœur, avant de mourir, ne savait plus !

Le pédant est toujours et partout à l'honneur. A l'étranger, il dit : « Je suis la pensée de la France ! » Et c'est vrai qu'il la porte : il marche comme un baudet, chargé des plus beaux livres. Chez nous, il se fait de la gloire par des études et des travaux que personne ne contrôle. Bref, quand je me suis mis, dans les journaux, à rire des Sorbonards, que de pompiers pour s'écrier : « Au feu ! » Et ils tentèrent de me brûler vif.

Pourtant, j'étais rentré dans la Sorbonne, poussé par cet instinct candide qui me mène vers tous les monuments publics. Je ne prévoyais même pas tout le bonheur que j'y eus, qui est un bonheur sain. On rit là d'un bon rire, sans arrière-pensée. Le pion enseignant a l'avantage unique, qu'on n'éprouve aucune gêne à se moquer de lui. Car si les autres corps constitués prêtent à la satire, du moins devient-elle vite douloureuse. On peut se divertir d'un général faible d'esprit ou d'un évêque possédé, mais l'armée et la religion ont une grandeur qui suscite la haine et la guerre civile. Adieu la farce, voici la tragédie. — Tous les bavards qui s'exhibent au nom de la politique, semblent d'un comique sûr. Le Parlement, cependant, représente le dégoût le plus certain des esprits réfléchis et patriotes, et leur rire est amer. — Enfin, Justice et Médecine méritent, dans tous les siècles, d'être mises à la scène pour divertir les honnêtes gens. Hélas, la prison, la ruine ou la mort change vite la comédie en un drame pathétique. Seule l'Université, dans cette série des grands soutiens de la Société, se présente avec une face de carnaval, sous un déguisement irrésistible. Ne résistons pas. D'ailleurs, à votre premier pas dans la Sorbonne, dès la cour, regardez les statues de Pasteur et de Victor Hugo. On dirait deux crétins! C'est une gageure, une farce! De même dans les amphithéâtres, vous verrez, sans payer, la farce de l'enseignement.

Là, j'entends bien que de bons esprits vont me dresser l'épouvantail de l'étranger.

« Chut! » diront-ils, l'Europe nous regarde. Quel tort vous faites à la France! Nos amis, nos alliés, des peuples qui nous admirent, ont de la Sorbonne une idée si haute et si pure! Ils prononcent les noms d'Aulard ou de Seignobos avec la même piété qu'ils parleraient d'un vieux Bourgogne. Si l'objet de leur dévotion est une duperie, il faut leur mentir quand même : c'est notre *devoir*. On cache son père quand il est ivre. »

Je ne suis pas insensible à l'objection, surtout qu'elle est d'ordre financier autant que sentimental. Il est vrai que la plupart des nations qui nous chérissent, ont, à leur amour, deux raisons essentielles : nos vins et nos professeurs. Ce peut donc être un danger pour notre réclame nationale de dénoncer la misère sorbonarde. Mais il y a plus précieux que l'idée qu'on donne de soi : c'est la conscience profonde que l'on

en a. Si nous avons, par delà les fron-
tières, de vrais amis, ayons le courage d'une
confession devant eux ; éclairons leur in-
nocence ou leur tendresse. Les étudiants
étrangers qui conservent un souvenir gri-
sant de leurs études à Paris, confondent
dans la même émotion la Ville, ses beau-
tés, les jours charmants qu'ils y vécurent,
et les pédagogues qui manquèrent les faire
crever d'ennui. Ces gens-là ont trop de
chance ! Notre *devoir* c'est, sur place, de
garder du sang-froid et, louant sans ré-
serve Notre-Dame et le Louvre, de dire :

— Mais l'enseignement de la Sorbonne
est au-dessous de tout...

La Sorbonne nous dupe. Elle nous vole
un respect auquel elle n'a pas droit. Je me
méfie toujours des institutions « respec-
tables ». Hypocrisie facile, entretenue par
les simples ou les ignorants. En dehors
d'une vingtaine de vivants, d'une trentaine
de morts, de quelques paysages de mon
pays, du soleil que je vénère, de la nuit
que je redoute, — en dehors d'une douzaine d'idées et de sentiments qui me sont

une raison de vivre, la question du respect pour moi ne se pose pas. Le respect est un chantage, avec quoi l'on combat ma liberté de penser, disons plus modestement ma liberté de pleurer ou de rire. Or, celle-ci n'est pas moins importante que celle-là.

Il m'est permis, appartenant à une nation créatrice, de juger, une fois en passant, avec le sens de la vie, un des mandarinats de la République. Ces mandarins de Sorbonne sont des fonctionnaires *publics ;* leur mission, à ce que disent des gens pleins de dignité, est d'éclaircir et d'élever l'esprit du *public.* J'ai donc le droit de les juger *publiquement.* Droit strict de citoyen. Contre les hommes publics, au reste, je n'ai que deux moyens de défense : l'un qui est illusoire : mon bulletin de vote ; l'autre, qui me confère la plus grande force, si je sais en faire usage avec droiture et fermeté : ma plume.

J'en prends une neuve, et je commence.

II

MONSIEUR AULARD
OU
LA RÉVOLUTION LAÏQUE

Notre ennemi c'est notre *maitre*, (1)
Je vous le dis en bon françois !

La Fontaine.
(Le Vieillard et l'Ane.)

(1) Il s'agit ici du maitre qui fait souffrir ses domestiques. Le maitre qui enseigne est au contraire un ami.

(Note de M. Gazier dans son édition des Fables.*)*

Depuis dix ans que je cherche, je n'ai vraiment rien trouvé de plus embêtant que ce professeur d'Histoire en Sorbonne qu'on appelle M. Aulard ! Épithète familière et peu déférente ? Je sais ; mais je l'ai pesée, repesée, et je la maintiens. J'ai vu Aulard, lu Aulard, entendu Aulard. Ce nom seul me donne des langueurs et des bâillements.

Monsieur Aulard, — on ne devrait jamais l'appeler Aulard tout court, — Monsieur

Aulard (c'est mieux ainsi : on dirait un faire-part, funèbre comme lui) a été pour ma prime jeunesse un lugubre étonnement. Je sortais transi de ses cours sur l'esprit laïque de la Révolution. Une fois, j'y traînai un ami, qui avait une âme légère et des sens un peu fougueux. Il en revint égaré, gémissant, et il fallut une semaine de plein soleil pour lui faire oublier cette vision maussade.

L'an dernier, j'ai eu le courage de réentendre ce vieillard qui avait contristé mes vingt ans. Je l'espérais détendu, moins accroché à ses idées. Je l'ai retrouvé pareil, traitant le même sujet. Il parlait toujours de la Révolution, toujours de la laïcité. J'ai vu à son cours des rentiers, des jeunes filles maigres, un annamite. Tous ces auditeurs étaient mornes ; lui-même montrait un sourire triste et des yeux battus ; il y avait dans son air et son débit comme une hypocrite prudence, un mielleux sectarisme, une méchante idée fixe sous des termes patelins ; et je me suis demandé en sortant ce qu'était au fond ce bonhomme sans bonhomie, qui paraissait la proie d'une manie affreuse, laquelle le possédait tout entier : « la Révolution laïque ». Il y semblait empêtré jusqu'au cou. N'en sortait-il jamais ? Quand sa bonne lui apportait ses pantoufles, est-ce qu'il évoquait les principes de 89 ?

Cette année, avec obstination, pour la troisième fois, je suis retourné le voir. Entre temps, je m'étais laissé conter que c'était un homme exquis, tout en indulgence, un vieillard si doux qu'il était larmoyant, un maître presque naïf, dont la surprise pénible était de ne pas être aimé de tous, puisque pour tous, toujours, il savait touver un bon mot fraternel. Et le monde était injuste, m'avait-on dit, de ne pas être attendri par le cœur innocent, si digne et si suave, de M. Aulard.

Ah ! braves gens, confiants et simples ! Voulez-vous que nous entrions ensemble ? Que m'apprenez-vous là ? Regardez ! Écoutez ! Si vous avez le goût des belles lignes, des jours clairs, des pensées larges, si vous nourrissez votre vie de santé morale et d'honnêteté intellectuelle, avouez que

vous étouffez aux cours de ce Tartuffe...
J'ai lâché le mot. Tant pis! J'aurais voulu
qu'il vînt de vous... Mais puisqu'il est
lâché, je le défends; je ne le crois pas té-
méraire. Approchez; soyez attentifs. Voyez
cette tête morose, laquelle soupire : « Je
suis une victime de la Vérité! »; — ces
yeux éreintés par la mauvaise poussière
de tant de documents apocryphes, qu'il
arrange au gré de ses passions radicales;
cette bouche amère d'avoir trop médit,
car vous allez entendre son cours : cet
homme n'a qu'un plaisir en son cœur vinai-
gré : rapetisser le passé et, de ce fait, em-
poisonner le présent. Fossoyeur insensible, il
ramasse des os, les montre et dit : « Voyez!...
Rien ne tient plus! »

Alors?...

M'objecterez-vous, du moins, que son
geste est doux et pieux et que chacune de
ses phrases renferme toujours deux ou trois
mots en sucre? Direz-vous, enfin, que nous
sommes devant une adorable créature du
Bon Dieu, ou croirez-vous, avec moi, que
M. Aulard nous joue? Je suis sûr qu'il nous

joue. Je le sens dans mes nerfs, comme on sent venir l'orage.

Voici vingt-trois ans que, tous les mercredis, il promène son âme grise et son corps affligé jusqu'à cette Sorbonne, pour y venir murmurer :

— Messieurs, les Droits de l'Homme et du Citoyen...

Ou :

— Messieurs, les grands principes laïques...

Ou :

— Messieurs, l'esprit révolutionnaire...

Cette année, pour la première fois, il a, non pas lâché sa chère Révolution (la Ville de Paris lui a octroyé une concession à perpétuité afin qu'il ne sorte plus de son radotage), mais il a parlé d'un *ennemi* de la Révolution : de Napoléon Ier, mort il y a cent ans. Ce centenaire est un danger; ce centenaire vient d'être fêté. A ce seul mot de « fête », les entrailles de M. Aulard se crispent; il souffre et il sécrète du fiel en faisant une sainte figure. C'est ce masque qu'il faut dénoncer : cet homme manque de courage.

Tel un chat maigre, lâché dans l'immense grenier du Premier Empire, il va doucement, patelinement, de son ton de bon apôtre, insinuer que Napoléon, que vous croyiez un grand Français, — tout discutable qu'il fût, — n'a été qu'un médiocre, servi par la chance. Et avec sa peur du risque, — car il craint la pomme cuite que je tiens là, dans ma poche, — il n'avouera jamais sa pensée sourde et perfide, dont il sent la bassesse. Il n'osera pas, dans une heure d'audace, déclarer : « Oui, j'exècre Napoléon, parce que je doute toujours de ce qui est grand, parce que je n'ai pas assez de vitalité ni de tolérance féconde pour comprendre autre chose que les fiches, qu'elles soient politiques ou historiques. » Et il voilera sa haine. Elle percera prudemment, par tout petits coups d'épingle, dont il criblera l'immense figure qu'il évoque malgré lui. Il s'étouffera soi-même dans des documents poussiéreux, soufflant leur poussière au nez de son auditoire. Pas un jour il n'attaquera, le regardant en face, ce géant de l'Histoire et de la Légende qui remplit toujours le monde de son nom ; mais il tournera autour, faisant le gros dos, et d'une voix de chat-fourré, il signalera des taches sur son uniforme.

Enfin, mollement, sournoisement, sans lever les yeux, il lui marchandera jusqu'au titre de grand homme :

— Ce mot-là, miaulera-t-il, signifie : bienfaiteur. Or, Napoléon laissa la France diminuée... Alors... disons que c'est... un homme grand... rien de plus, qui a fini par une catastrophe lamentable.

De cet homme... grand un historien doit-il se risquer à faire le portrait, j'entends un vrai historien, un historien qui enseigne actuellement en Sorbonne, ce « laboratoire de vérités » (l'expression est de M. Aulard). Et M. Aulard modestement répond :

— Hé non !... car un portrait n'est jamais exact...

Puis, d'une phrase navrée, et hargneuse, M. Aulard laisse entendre qu'un portrait c'est de la littérature, non de l'histoire.

Fixer Napoléon, ce serait le fausser ; ce serait même en faire... un imbécile ! Car il n'y a que les imbéciles qui ne changent pas. Or, s'il n'a pas été imbécile, il a changé. Donc, on ne peut pas savoir comment il était ; et il convient que sa figure reste vague.

Ainsi M. Aulard, dont la voix benoîte indique qu'il est plein d'intentions délicates, M. Aulard pourra patauger dans son eau trouble, tandis que l'auditeur, à demi noyé, n'aura plus la force d'une protestation. Cet excellent maître s'y connaît en prudence : il ne heurte jamais son public de front ; ce n'est pas sa faute, s'il le corrompt et le renvoie mal à l'aise : il obéit à sa nature. Au printemps, il arrive qu'un coup de vent vous enrhume : le vent printanier pourtant fait partie de la poésie du monde ; mais il arrive aussi qu'un microbe, que vous ne voyez ni ne sentez, vous inocule sournoisement la grippe. M. Aulard ressemble au microbe plus qu'au vent.

Comme il devine, d'ailleurs, l'écœurement de son auditoire, qui, malgré la lenteur du

poison, pourrait réagir un jour et se rebiffer,
M. Aulard a soin d'abriter les réactions si
pures de sa conscience sous la grande enseigne de la Sorbonne, et il annonce d'un
air dévot :

— Jusqu'ici... personne n'a pu faire de
Napoléon une étude impartiale, dans la sé-
rénité. Mais... sous notre Troisième République, il est enfin permis de l'essayer, car...
le haut enseignement de notre Sorbonne
est aujourd'hui *scientifique.*

Il a détaché le mot, et il pose sur son
grand nez triste un lorgnon pour voir
l'effet :

— Scientifique, je veux dire, Messieurs :
méfions-nous, n'est-ce pas, d'ouvrir notre
cœur et notre esprit. Ce peut être agréable :
c'est si dangereux. Car on s'abaisse ainsi de
l'Histoire à... à l'Art, ou plus bas encore,
à... à la Religion. Songez que moi, Aulard,
ai fait, pour les écoles, des manuels où,
me gardant de tout avis personnel, fidèle
seulement aux découvertes de la Science,
je désignais par exemple un Saint-Vincent
de Paul du nom qu'il portait en son temps :

« Monsieur Vincent ». Si j'agissais de la sorte, c'était dans une pensée scientifique, républicaine et laïque, née soudain de mon cerveau impartial et glacé. De même devant vous, je veux aborder Napoléon avec calme et froideur. Il ne faut pas nous échauffer sur des mots admirables que l'on rapporte de lui. Ces mots admirables sont tous de la légende... Quant à ses actes... faisons bien attention. Ils n'indiquent pas tant l'homme qu'il fut que l'homme qu'il a voulu avoir l'air d'être...

Et M. Aulard, la main onctueuse, bénit laïquement ses auditeurs surpris. Après quoi, d'une voix de mirliton, où l'on entend vibrer comme un fragile papier gommé, fragile ainsi que la vérité de l'Histoire, il s'explique et il détaille :

— On connaît surtout Napoléon comme soldat. Or, Napoléon lui-même, outre qu'il a toujours très mal fait son service (il se faisait mettre en congé et porter malade), Napoléon s'est défendu toute sa vie d'être un militaire ! Et il avait raison, cet homme, car la vérité militaire est impossible à dis-

cerner. Je vais vous en donner un exemple.
J'ai passé, avec mes élèves, un an sur la
bataille d'Iéna. Nous avions tous les documents du Ministère de la Guerre. Eh bien,
nous ne sommes arrivés à rien!... En sorte
que quand on y regarde de près, on ne peut
pas savoir ce que c'est que la bataille
d'Iéna...

Il fait cet aveu en sourdine, comme un
homme qui, hélas! n'a jamais découvert
que le néant de l'histoire où il s'avance
en tapinois.

Pourtant... à l'extrême rigueur, il y a
peut-être quelques demi-certitudes vers
lesquelles il est permis d'incliner, quand
on n'écoute pas, bien entendu, son tempé-
rament personnel. Ainsi, M. Aulard ne
serait pas éloigné de croire que Napoléon
fut franc-maçon. Oui, franc-maçon : c'est
intéressant cela, pour des gens honnêtement républicains. Notez que lui-même,
hésite encore... Mais il s'interroge là-dessus
longuement, car là, il se sent captivé, là
s'ébroue sa vieille âme ficharde. Quelle
joie de penser que l'étudiant annamite, qui

a fait vingt jours de mer pour goûter à
l'esprit français, va remporter, dans sa
mémoire, cet aspect inédit de Napoléon...
de Napoléon, dont il ne reste plus grand
chose après une douzaine de pâteuses et
aulardiques leçons !

Que voulez-vous ! La Vérité d'abord. Elle
échappe quelquefois à M. Aulard, mais il
croit la rattraper comme son lorgnon, et,
discret, modéré, frottant ses mains, il dit
sans haine, sans aucune haine :

— Napoléon, Messieurs, fut l'ennemi de
l'intelligence. On ne peut pas faire son
éloge dans cette Sorbonne.

Et, ma parole, il s'animerait et dépasse-
rait ses droits d'historien scientifique, pour
montrer tout à coup, dans un grondement,
que... Napoléon a brimé et bridé la sacro-
sainte Révolution ! Ah ! Ah ! C'est que là,
permettez, la question devient grave. La
chaire de la Révolution est à M. Aulard et
n'est qu'à lui ! Et M. Aulard frissonne à
l'idée d'un Bonaparte antirévolutionnaire,
qui, même après plus de cent ans, le gêne-
rait dans sa place.

Tartuffe... j'ai dit Tartuffe. Le voici qui se découvre. Il montre les dents, tragique. Sa sinécure est en jeu !

Pauvre et triste bonhomme ! Qu'il se rassure : on ne la lui dispute pas. Et on lui donne, par-dessus le marché, toute la pitié que son cas mérite. S'appeler Aulard, avoir ce nom dolent, cette tête blafarde, expliquer l'Histoire comme on raconte sa colique, et croire qu'on peut convaincre, en plein Paris, un public qui n'est pas malade, quel défi et quelle insolence ! Il a tout juste convaincu Trotsky, qui fut de ses élèves, qui suivit son cours cinq ans, qui montait de la rue des Écouffes où il vendait des casquettes, à la Sorbonne où il édifiait, en compagnie du saint homme scientifique, le plan d'une révolution qui devait l'être aussi. Mais c'est tout. Ceux qui prétendent être ses plus chers amis, avouent, après trois minutes, que la cuisine qu'il fait avec l'histoire n'est qu'une gargote. Ceux qui suivaient ses cours le plus assidûment l'ont lâché à l'heure solennelle, le jour du Centenaire de Napoléon qu'il avait décrié durant des mois, pour que le 5 Mai on haussât les épaules. Le 5 Mai arrive. Aulard, content d'avoir écrit que j'étais un *muscadin,* tandis que lui-même était un *porte-lumière,* vient fièrement faire son cours. Que trouve-t-il? Un auditoire réduit des neuf dixièmes! Le peuple a couru chez le voisin, membre de l'Institut, qui, flanqué de deux ministres avec la Garde Républicaine, célèbre solennellement l'Empereur. Pauvre porte-lumière, il est abandonné!...

A-t-il vu du moins que j'étais là, moi, son fidèle muscadin?... Aulard, Aulard, en son cœur bienfaisant, je suis sûr qu'il m'a de la gratitude. Il se rend compte, ce raseur, qui sut élever l'Ennui à la hauteur d'une institution inamovible, que je suis comme lui juste et bon. Sans effort en effet, je consens qu'en un jour clair de sa jeunesse, il a pu honnêtement chercher la Vérité cinq minutes, mais en belle fille qu'elle est, elle lui a fait la nique. Il avait été la chercher dans son puits. Elle a éclaté de rire, est sortie, et l'a laissé dans le fond. Il y est encore. C'est de là qu'il fait son cours. C'est de là qu'il voit si bien que la France est la proie des Jésuites. Et quand un Français se penche pour le voir à son tour, il découvre que le cher maître a la tête de Basile.

III

MONSIEUR SEIGNOBOS
OU
LA SCIENCE DE L'HOMME

A Guy Arnoux, artiste à Paris. (1)

Il y a un autre grand professeur d'histoire à la Sorbonne : M. Seignobos. Il est encore plus savant que M. Aulard. Un étudiant, ayant eu l'imprudence de lui dire un jour que la bataille de Tolbiac fut une victoire pour Clovis, — il s'écria :

— Vraiment? Qui vous l'a dit?

____

(1) Ce chapitre est dédié à Guy Arnoux, artiste à Paris, en souvenir d'une journée mémorable d'août 1917. Guy Arnoux reposait son talent à l'Arcouest, près de Paimpol. Un jour, déguisé en pirate, en compagnie de quelques amis, ignominieusement costumés comme lui, il décida d'écumer la mer, le long de la côte, sur son bateau *Marie-Josèphe*. Il partit. A un mille du petit port, il rencontra le voilier *l'Eglantine*. Il donna droit sur lui ; ses compagnons l'enlevèrent à l'abordage ; et il fit prisonnier le contenu, qui se trouva être M. Seignobos, historien réputé.   (NOTE DE L'AUTEUR.)

— Mais, Monsieur... je le sais.

— Le savez-vous *scientifiquement?*

Lui n'enseigne que ce qu'il sait de cette manière, c'est-à-dire qu'il n'enseigne presque rien.

Il est, en effet, le premier d'entre les hommes à avoir compris que les *faits* historiques n'ont aucun intérêt. Tous sont de fausses précisions. M. Seignobos rit des noms, rit des dates, rit de tout. (Il ne grince des dents que quand on lui parle des curés.) Tout cela, ce n'est pas la vie des peuples. Une seule chose compte : l'étude critique et minutieuse des mœurs, et la comparaison attentive des statistiques. C'est ce qu'on appelle la « *méthode historique* »; et c'est l'objet du cours de M. Seignobos.

J'ose dire que ce cours est unique. Malheureusement, il est peu connu. A la première leçon, il y a quarante personnes, curieuses et candides; à la seconde, vingt, surprises et tenaces; et de la troisième à la dernière, il y a tout au plus six ou sept égarés, dont lui et moi. Il faut le regretter. J'ai, pour ma part, toujours infiniment

goûté M. Seignobos : il est plein de cocas-
series qui me ravissent. Mais le public se
lasse, parce qu'il ne l'entend pas, parce qu'il
ne comprend rien, parce que, pour tout
dire, il manque du génie spécial qu'il faut
quand on veut voir derrière les apparences.
Plusieurs fois, j'ai emmené à son cours des
femmes de mes amis. Il y a, dans l'esprit
de toute femme, même la plus proche
de nous, des poussées d'imprévu qui me
semblaient de même nature que les saillies
de M. Seignobos. Eh bien, elles n'ont pas
mieux compris que les hommes; elles n'ont
pas saisi en entier une seule de ses phrases,
ni découvert la moindre apparence de liai-
son entre deux de ses idées. Je m'épuise devant cette énigme. Serions-nous, en France,
ce pays de la mesure, incapables de goûter
une farce abracadabrante ?

Voici un petit vieillard, barbe et cheveux
en broussaille, qui paraît sortir de dessous
son édredon. Il entre, jette sa serviette sur
sa table, s'assied en voulant casser sa chaise,
et commence sans dire « Messieurs », comme
s'il parlait à des bestiaux. D'ailleurs, est-ce

qu'il *commence?* C'est là le magnifique de son cas. Même quand il entame la première leçon de l'année, il *continue!*

Quoi? direz-vous.

Un cours d'il y a dix ans ou une conversation avec lui-même. Et peu importe qu'il ait des auditeurs ou n'en ait point : il ne regarde pas son amphithéâtre. Il arrive, ruminant une idée : c'est celle-là qu'il sert, où elle en est. Il se pelotonne à sa table, le nez sur ses papiers, les bras entre les jambes. On dirait Diogène dans son tonneau. Et maintenant, il va se payer la tête du monde entier, non seulement du public presque inexistant, mais des rois, des papes, des évêques et de tous les représentants du peuple, dans tous les pays. Car il ne s'étonne ni ne s'émeut de rien. Il a trop remué d'idées fausses, de faits inexacts, d'institutions mal comprises; il est arrivé avec l'âge à une insensibilité totale; il ne croit plus ni à Dieu ni à diable. Mais le diable se venge et ne le quitte pas : il habite M. Seignobos, le fait ricaner et s'ébrouer.

Partant on ne sait d'où, allant vers on ne

sait quoi, s'adressant à on ne sait qui, il se
trouve en train, tout à coup, d'essayer de
définir par des traits véridiques, cet ensemble « qu'on appelle généralement la
France ». A la seule idée de toutes les
blagues qu'on débite à ce sujet, il s'é-
trangle de joie. Puis, démoniaque, il reprend son discours, où l'on ne perçoit déjà
plus qu'un mot sur trois, tandis qu'on jure-
rait qu'en sa bouche il fait une affreuse
bouillie de sa langue et de ses dents.

— L' français... langue française... qu'est
c'est?... N'est qu'une des nombreuses langues parlées en France.

Il donne un coup de poing sous sa table,
et dans un éclat :

— Unité d' langue en France? Existe
pas! Alors?

C'est lui-même qu'il interroge et qu'il
oppose ainsi aux imbéciles et aux lieux
communs. Car c'est cela son cours, ou
semblant de cours : une pétarade contre
tout ce qu'on a l'habitude de dire et de
croire.

— L'unité d' la France? Allons! Au Nord,

toits hauts... Midi, toits bas... Et voyez cuisine... au moins trois régions : l'beurre, l'huile, la graisse d'oie !...

Il lève le nez, puis jette en l'air une phrase incompréhensible qui fait le bruit d'un gargarisme.

Sur quoi, il replonge dans ses papiers.

— La religion ?... Aucun élément d'unité... D'ailleurs pas spontanée... N'est uniforme que par institutions imposées... Surplus, d'puis un siècle, moitié d' la Société l'a abandonnée.

Et cette proposition le fait éclater d'un mauvais rire que, tout de suite, il contient. Car son cours, en somme, lui donne plus de dégoût que de joie. Il vous le flanque à la tête : c'est un paquet de sottises. Il a l'air de dire : « Tas d'idiots ! Ça vous suffit pas ?... Vous en faut encore ?... Attendez ! »

— Reste la race !

Il a dit ces trois mots comme on cracherait ses dents.

Il les développe :

— En France, aucune race ! Savants ont étudié structure des corps... Brachicéphales.

Dolichocéphales. Tout mélangé!... Et des bruns, des blonds... avec grande partie dont on ne sait si bruns ou blonds.

Son petit œil, derrière un lorgnon de travers, aperçoit dans la salle une étudiante blonde. Il crie :

— Seule déduction certaine : blonds sont anormaux! Bruns en majorité.

L'étudiante prenait des notes; elle s'arrête, interdite. Alors, de contentement, il précipite son débit, s'empêtre, pâlit, gratte son crâne, repart, bredouille, gargouille, bafouille :

— En France, toutes les races! Et d'génération à l'autre, rien d'transmissible. En France, enfants r'ssemblent pas aux parents. D'ailleurs, parents, c't'un mot parents! Société française se r'crute plus par mariages; elle n'tient qu'par enfants naturels... Mariages donnent pas même deux enfants par famille... En sorte que métissage, peuple de métis... France, cul-de-sac Europe avec, dans le fond, toutes les races... Français, qu'est c'est les Français? Des gens qui entre eux s'considèrent comme

Français, et sont contents de l'être, v'là
tout !

Sur cette trouvaille, il souffle et mâche
sa barbe. Puis il repart, pestant soudain
contre les sociologues et leurs statistiques.
Dans ce désordre, s'il lui arrive d'avoir des
idées d'un bon sens ordinaire, il s'en effraie
tout de suite et arrête ce mouvement mauvais en mêlant les mots, en disant : « jamais »
pour « toujours », « conservateur » pour
« libéral ». Il se reprend, s'étouffe. On
entend : « Pfttt... pfttt... pasteurs ! »
Voici qu'il fait le compte des pasteurs,
comme il fera le compte des commerçants ;
et aussitôt après, sans transition, il mon-
trera le développement du fromage de Brie
depuis 1905. Deux doigts dans le nez, il
jette :

— C'mmerce : onze millions !... Dans l'
c'mmerce on n'compte ni bains ni pompes
funèbres : 160.000 hommes... De plus, rentiers 900.000 et gens sans aveu 126.000 !

Vlan ! Il a mis soigneusement ensemble
les rentiers et les gens sans aveu : il jubile.
Pour s'apaiser, il se lance dans une phrase

plus calme sur les vaches, de 1900 à 1910.
Il s'arrête, il rit, non aux anges, mais au
diable, car il cherchait une définition du
peuple et il l'a trouvée :

— Qu'est c'est l' peuple ? Les travailleurs,
plus les coquetiers et les forains ! Ah ! Ah !

Il ajoute :

— Qu'est c'est la p'tite bourgeoisie ? Des
gens qui méprisent travail manuel, mais
estiment professions sédentaires et écritures.
Il faut y joindre acteurs et musiciens. D'ailleurs...

Il regarde le plafond et se balance :

— D'ailleurs, peuple et bourgeoisie mê-
lés. Plus d' classes. Grands bourgeois épou-
sent couturières et personne fait plus attention !

Sur quoi il ne peut s'empêcher de rire
encore. Il est radieux de constater partout,
dans tous les pays, dans tous les temps, la
folie de la pensée humaine, le désordre des
sociétés, la relativité de tout ce qui est. Au
fond, l'humanité l'enchante, tant elle l'é-
cœure, et ses propres leçons l'amusent, à
force de lui faire pitié. Car il ne croit pas

plus à l'enseignement qu'au reste, mais, persuadé que tout cours est imbécile, il illustre du moins cette pensée-là d'une démonstration claire. Lancé dans l'Histoire, il y saccage et embrouille tout, et on dirait un vieux chien crotté qui fait irruption dans un salon pour éternuer et gratter ses puces.

— En Bret... en Auv... en Normandie!...

Il y a trois quarts d'heure qu'il parle : il s'énerve.

— Le... la... les bestiaux sont attachés à... à la... au piquet... jusqu'à ce qui... que... qu'elles aient brouté le... les... la luzerne !

Il se calme tout de même, prend chaque province française, la stigmatise en deux phrases, signale les prunes d'Agen, les poulardes du Mans, les sardines bretonnes; et comme l'heure sonne, il saute sur sa chaise, balbutiant :

— Vers à soie... maladies... luscardine... picardine... tournent au jaune bleu... lascardine... rascardine !...

Il ricane, disparaît : c'est fini.

Je ne dis pas que pour de jeunes français, ni pour de jeunes étrangers, ni pour personne d'autre, ce soit un enseignement précieux, mais j'avertis qu'il ne faut pas considérer M. Seignobos du même œil que ses voisins. La qualité de cette Sorbonne vient précisément de la variété de ses fonctionnaires. M. Seignobos le dit expressément : « France, cul-de-sac Europe. En France, toutes les races ! » M. Seignobos est un échantillon français qui ne ressemble à aucun autre ; il faut lui mettre une étiquette spéciale. Mais avant de la mettre, il convient de réfléchir. Dire qu'il est « incompréhensible », c'est vite dit... s'il se comprend lui-même... — Dire qu'il est « dangereux » ? Pourquoi ? Parce qu'il est sceptique, diabolique, sectaire ? Mais si on ne le comprend pas, où est le danger ? — Je n'ai encore entendu qu'un auditeur parler de lui avec justesse.

C'était un grand Anglais, réjouissant à regarder. Perchée sur un long corps, il portait une petite tête rouge brique, dont le front était resté blanc ; deux sourcils d'étoupe rousse, un poil noir par narine, une nuque mousseuse de cheveux follets, complet épinard et grosses chaussettes carotte dans des souliers à double semelle : je le vis sous cet aspect suivre, tout un mois, le cours piquant de M. Seignobos.

Et au bout du mois il me confia ceci, avec gravité :

— Monsieur, je suis le Recteur, n'est-ce pas, de l'Université de Wowowrod, pays de Galles. Eh bien, je n'ai eu à Paris aucune plus intéressante expérience, n'est-ce pas, que les cours de ce Seignobos.

Et il ajouta dans un sourire :

— Vraiment, j'ai beaucoup joui!

Puis, fort sérieux, il m'expliqua que cet homme était shakespearien, n'est-ce pas, car, en le regardant, il avait cru voir, à certaines minutes, une sorcière installée en Sorbonne.

D'ailleurs, l'air de la salle sentait le roussi. M. Seignobos ne venait-il pas à ses leçons sur un balai rôti? Le recteur se le demandait. — Et voyant M. Seignobos ouvrir sa serviette, le recteur avait eu peur qu'il ne s'en échappât des crapauds et des salamandres.

En conclusion, sans trace d'humour, il disait qu'à sa connaissance, dans toutes les Universités du monde, il n'y avait personne qui représentât plus plaisamment ce que les initiés appellent la « Fantaisie », et certains autres la « Folie pure ».

IV

MONSIEUR VICTOR BASCH
OU
L'ESTHÉTIQUE EN ACTION

« Après vous avoir montré les
fous qui sont enfermés, il faut
que je vous en fasse voir qui
mériteraient de l'être ! »

LE SAGE.
(Le Diable boiteux.)

Encore un savant, quoique à la Faculté
des Lettres !

Celui-ci s'annonce professeur d'*Esthétique et de science de l'Art*. Mais, à la différence de M. Seignobos, il adore son cours.
Il arrive en avance, impatient de pérorer.
La Sorbonne lui fournit non pas une chaire,
mais un tréteau, sur lequel il se joue lui-
même, en virtuose improvisateur. Et professeur d'esthétique veut dire : « Moi, Victor
Basch, vais me raconter esthétiquement ! »

Comme tous les gens de théâtre, il a une

haute idée de soi. La preuve, c'est qu'il dit :
« Ne trouvez-vous pas que je ressemble à
Caillaux ? » Hanté par ce modèle, il se croit
tout permis. — Il fait irruption dans son
amphithéâtre, ne dit pas « Messieurs », parce
qu'il a envie de dire « Mes amis » ainsi
qu'à des maçons et à des terrassiers, et
commence d'une voix haute, insolente, im-
pudente :

— J'arrive. Vous me regardez. Je vous
regarde. Quelle différence entre nous ?
Celle-ci : je sais, moi, ce que je vais dire,
et vous ne le savez pas ! Je vais dire :
« Qu'est-ce que le tragique ? » Boum !

« Boum ! » c'est, sur l'estrade, un coup
de talon, qui va se répéter vingt fois durant une heure de cours, et accompagner
la fin de chaque phrase capitale.

— Donc, le tragique est-ce le dramatique ?
Non ! Or, le dramatique est-ce l'art dramatique ? Du tout ! Qu'est-ce donc ? Patience !
Remontons de concept en concept. Y a-t-il
ici quelqu'un qui soupçonne ce qu'est l'Art ?
Je dis quelqu'un, sans désigner le sexe
ni la couleur des cheveux... Et j'écoute !

Homme, femme, enfant, parlez ! Personne
ne parle ? Hein ? Comment ? Vous avez
confiance en moi ? Merci. Très flatté !

Le public sourit. Lui se rengorge. Dix
pas de long en large, et d'une voix claironn-
nante :

— Or, donc, l'Art, — suivant ma conception de cette année, résultat de mon cours
de l'an dernier, — l'Art c'est l'expression,
et l'Art c'est la représentation...

Brusquement il s'arrête pour émouvoir
une directrice de pensionnat qui, avec
fièvre, prend des notes.

— ... C'est la représentation, dans une
œuvre durable, de l'état émotif d'un artiste,
aspirant à se communiquer à des specta-
teurs !

Il souffle après cette cuistrerie. Puis il
s'ébroue :

— Halte-là ! Je me suis trompé ! Vous
ne vous en êtes pas aperçus ? Naturelle-
ment. Vous pensez à autre chose. Vous êtes
à un cours et ne pensez pas à ce cours.
Théâtre, thé, vie mondaine, vie légère ! Air
connu... Eh bien, n'importe !... Le cours

c'est A, votre pensée c'est B, moi je suis C !
Or, C se trompe ! J'ai dit : « l'Art exprime
un état émotif ». Du tout ! Voilà qui est
faux. L'Art n'exprime pas que des émo-
tions. Il y a des artistes, des vrais, des
grands, qui ont exprimé des idées, rien que
des idées, des concepts, rien que des concepts, mais des tas de concepts, des foules
de concepts, des peuples de concepts, des
cathédrales de concepts !...

Il s'est emporté ; il se calme, et, se par-
lant à soi-même, devant le public ébaubi :

— Pauvre de moi ! Je suis encore lyrique. Seigneur, pardon ! Je serai toujours
lyrique !...

Il joue à la mélancolie :

— N'est-il pas difficile d'être un homme
libre sans être un homme lyrique ? Liberté
de pensée, liberté de vouloir, démocratie
intégrale, commencement du lyrisme ! S'il
y a des hommes de gouvernement à mon
cours, ils ne comprendront pas : je les ex-
cuse.

Là-dessus, l'air inspiré, il s'abandonne à
l'éloquence, et aussi à une ironie triviale.

Sur un rythme ricanant, il lance une longue période touchant « la vraie liberté qui, dans tous les pays, s'est réfugiée au fond des prisons, en quelques cervelles impartiales, à l'abri des ploutocrates du pouvoir. »

Ceci n'est qu'une parenthèse dans le cours. Brusquement, Victor Basch a cédé à ses nerfs. C'est que Victor Basch, confiant dans l'Éloquence qui l'inspire, est victime de ses associations d'idées. Il parle, il parle, au hasard, selon ce qui se forme dans sa cervelle. Et il a l'habitude familière et charmante de livrer sa pensée géniale, telle qu'elle vient, avec son cynisme ou ses inconséquences.

Il arrive alors qu'il paraît insensé, parfois révoltant. Bien mieux, il s'en aperçoit et il devient agressif. A la manière de Caillaux, son maître, il défie le public. Si bien que celui-ci, après avoir souri, après avoir ri jaune, après avoir grogné, éclate et proteste.

M. Victor Basch est d'une race souple, grâce à Dieu, au Dieu des Juifs, et il n'insiste pas. Il a l'intelligence variée. Donc, il fait demi-tour avec grâce, et simplement revient à sa période esthético-philoso-phique.

— Quelle fut, s'écrie-t-il, la première forme du Drame ? Parole ? Danse ? Musique ? Répondez, sans avoir peur !

Une voix d'admiratrice, timidement, murmure : « La musique... » ; une autre « La danse... » Il hausse les épaules et réplique :

— C'est indémontrable ! Il est même absolument vain de se poser cette question ! Contentons-nous de dire qu'elles ont commencé simultanément, et examinons la danse avant le dramatique !

Là, faisant une grimace affreuse, il s'offre à l'attention de son auditoire :

— Regardez un sauvage ! Revient-il d'une bataille ? Image de la guerre ! Boum ! (*Coup de talon.*) A-t-il perdu un enfant ? Image de la mort ! Xi... couic !... ce qui nous attend tous ! — Dans tous les cas, il danse, il danse !... Devinez combien il y a de formes de danse ?

La directrice du pensionnat va répondre :

elle ouvre la bouche ; elle se rappelle un chiffre, fourni jadis par M. Seignobos ; mais Victor Basch, brillant les yeux, lance avec volupté :

— Trente-deux, Madame ! Il y a trente-deux formes de danse !

Les vieux messieurs sont trop vieux, les jeunes filles trop jeunes, pour deviner l'intention finement obscène que seul un étudiant relève d'un gros mot de mépris. Victor Basch n'entend pas, tout à sa danse :

— Quand la danse est extatique, ou lyrique, ou sensuelle, alors elle est sans loi ! Oui, Madame, il n'y a pas de loi pour la luxure !

La directrice de pensionnat baisse le nez sur son cahier, et Basch pétarade :

— Attention ! Ceci n'est pourtant que la danse inspirée par l'instinct, donc religieuse. Premier stade ! — Deuxième stade... Quel est le deuxième stade ?

De nouveau la directrice ouvre la bouche ; elle va dire : « Deuxième stade : la danse se libère des Jésuites », car elle se rappelle le cours de M. Aulard. Mais Victor Basch sans attendre, réplique de lui-même :

— La danse va se laïciser !

Un temps pour que le Maître ajuste ses lunettes. Certains auditeurs choqués en profitent : on entend de vagues cris.

— Quoi ? Qu'est-ce qu'il y a ?...

Un étudiant russe se dresse et crie : « A bas la calotte ! » Victor Basch étend les bras, et, de sa voix cassante, domine le bruit :

— J'ai dit et je répète : (sans doute on ne m'a pas compris) que la danse est passée à sa deuxième forme, la forme mimique !

Mimique... La directrice écrit en hâte.

— Dès lors, l'homme imite !

L'homme imite... Elle casse son crayon.

— L'homme imite tout ! Les animaux, d'abord, car il n'est que l'Animal parmi des animaux ; puis il imite... le reste... ce que vous voudrez.... le laboureur, le sourcier, le fiancé, la fiancée ! Et imiter, c'est devenir un autre, c'est s'infuser en cet autre...

... ser en cet autre... La directrice n'a plus le temps de tourner ses pages.

— En ce moment, par exemple, supposez que je danse. Si vous suivez ma danse, vous dansez avec moi ! Or, qu'est-ce que je danse ? J'imite l'ours ; je fais l'ours ; je suis l'ours. Donc, puisque vous me regardez, vous devenez ours aussi ! Phénomène qui s'appelle comment ?

L'étudiant de tout à l'heure hausse les épaules. Un vieillard chevrote : « Ca... caricature ! » Et Basch s'écrie :

— Ce phénomène s'appelle le second phénomène : celui du miracle dramatique. Or, si ce miracle est accompagné de paroles, c'est le *mimus !*

L'étudiant éclate :

— Ah ! Ah !

— J'entends qu'on rit, dit Victor Basch.

— Un peu ! reprend l'étudiant.

Basch s'essuie le front :

— J'ai cette bonne fortune d'entendre qu'on rit, alors que je n'ai rien dit de drôle ! Preuve instructive, preuve décisive de la place énorme que tient l'inconscience dans

une nation ! Car ce rire, ce simple rire,
évoque en moi la guerre et la paix ! Pauvres
de nous ! Offensives insensées ! Traités dé-
lirants ! Avertissements d'huissier grippe-
sou à des ennemis réduits à la famine !

Cette fois, c'est trop : l'étudiant et une
dizaine de personnes s'agitent, tapent du
pied, chahutent.

Alors, c'est le tour de Basch de rire. Il rit
largement. Voilà dix ans qu'on interrompt
son cours ! Et dès qu'on l'interrompt,
voilà dix ans que chaque fois, comme aujourd'hui, un groupe d'étudiants balka-
niques et jargonnant, aux cheveux d'Assy-
riens et aux yeux de gazelles, se précipitent
pour le défendre !

Dieu des Juifs, sois béni : il ne court aucun danger. Pourtant, des mots redoutables
s'échangent : « Boche !... France ! » Quelqu'un crie : « C'est un sale hongrois ! »
Basch, immobile, hausse les épaules.

Un balkanique lève le poing ; un français lève sa canne. Basch fait « Boum ! »
du talon.

Une femme appelle « Au secours ! » On se

rue vers la sortie. Basch clame : « Le traité !
Voilà bien le traité de paix ! »

Les garçons de salle ont couru chercher
des agents, qui arrivent et augmentent le
désordre. L'un d'eux s'approche de Basch
et l'invite à sortir.

— Bien ! De mieux en mieux ! rugit Basch.
Tel est l'enseignement de la France !... Tant
pis ! Ils ne sauront pas ce que c'est que
le *mimus*... qui, au surplus, ne les regarde
pas, car il est le sujet, non de mon cours
public, mais de mon cours fermé. A bon
entendeur, salut !

Il saisit sa serviette et disparaît.

Dans une salle attenant à l'amphithéâtre,
devant le garçon stupide, il monologue :

— Imbéciles ! Ils ne supportent pas la
vérité ! Ils en sont intellectuellement à l'é-
poque fossile, à l'époque primaire dans le
fossile. Ils ne veulent pas voir que l'Allemagne, qui nous adorait au lendemain de
l'armistice, nous exècre à présent. Boum !
(*Coup de talon.*)

Il se jette sur son pardessus, s'engouffre
dans les manches, bondit dehors. La rue

est pleine d'agents, qui ont ordre de le pro-
téger. Il leur crie :

— Messieurs, l'Allemagne ne peut pas
payer !

Les étudiants, maintenus à cent mètres,
crient : « Hou ! Hou ! A bas Basch ! » Il
ricane :

— « A bas Basch ! » C'est joli « A bas
Basch ! » Hein ! ont-ils assez besoin d'esthétique !

Puis il se tourne vers la police :

— Les Alliés, la France à leur tête, ont
réduit l'Allemagne au servage !

— Hou ! Hou ! Hou !

— Afin d'entretenir l'esprit de haine, ferment des guerres à venir !

— Monsieur veut-il une voiture ?... demande poliment un agent.

— Une voiture ? Pourquoi faire ? Est-ce
qu'on peut parler dans une voiture !... Te-
nez, mon ami, regardez cette affiche : dans
trois heures je serai là-bas. Meeting orga-
nisé par la *Ligue des Droits de l'Homme !* Je
leur expliquerai ce qu'est l'Allemagne !

Il n'y aura aucune peine. Il continuera simplement son cours... La moitié de son enseignement est fait de péroraisons démagogiques et désordonnées, qui marquent que son esprit n'établit nulle différence entre la Sorbonne scientifique et n'importe quelle réunion populaire à la *Maison des Syndicats.*

V

LE
GRAND BANQUET DÉMOCRATIQUE
DU 13 AVRIL

« Qu'avez-vous donc, dit-il, que vous
[ne mangez point? »

Boileau.

(Le Repas ridicule.)

Je venais d'écrire, dans l'*Echo de Paris,*
sur ces trois maîtres illustres, les pages qui
précèdent, et j'avais donné à mes portraits
le titre même de ce livre : « *La Farce de
la Sorbonne* » sans me douter que, pour
mon régal, on allait m'aider à la compo-
ser. J'avouerai même qu'en peignant mes
personnages, je n'avais pas senti toute
leur drôlerie. Heureusement des défenseurs
aveugles de ces messieurs sont venus, avec
une furieuse énergie, me la souligner; et
de grand cœur je les remercie.

MM. Basch, Aulard et Seignobos, désormais inséparables pour tous ceux qui

aiment la comédie, ont des amis politiques qui ne cultivent pas dans leur jardin cette fleur charmante : le sens du ridicule. Suffoqués de mon irrévérence, ils ont déclaré d'abord pompeusement, doctoralement, sentencieusement et sorbonardement, que je n'étais pas *compétent* pour juger leurs trois cuistres.

— Un *romancier*, ont-ils écrit dans leurs feuilles ! alors qu'il faudrait un *savant* [1].

Que j'aime ce mot !... surtout après avoir suivi les cours si scientifiques des trois chers hommes. Un *savant!* Je retrouve là le vocabulaire des meilleures réunions publiques, si imposant et si vague, destiné à remplir d'admiration la cervelle des cafetiers et de leurs victimes.

Savants ! Eux sont savants ! D'abord, parce qu'ils enseignent en Sorbonne, ensuite parce qu'ils tripotent depuis trente ans leurs casiers de fiches. Les pauvres ! Cela n'empêche pas que la Vérité, la vraie,

-----

[1] *Ère Nouvelle*, 13 mars 1921.
Le Temps, 26 mars 1921.

fuyante comme l'eau, l'air et le feu, se paye leur tête et leur échappe encore plus qu'au commun des mortels! Cependant, moi, il faudrait que je fusse savant, et à leur manière, pour posséder le droit de les juger, quand ils s'exhibent dans leurs amphithéâtres. Je croyais n'avoir suivi que des cours publics, ouverts à tous, payés par nous, démocratiques? N'importe! Si je n'arrive, tel un âne, croulant sous des diplômes *octroyés par eux,* je n'ai pas le droit d'émettre un avis. Incompétence! Il ne me reste qu'à ouvrir le bec, comme un passe-boules, et à avaler ce qu'ils jettent dedans.

Conception de l'enseignement public admirable, qui aurait fait la joie de Cervantès! Ils n'ont pas vu, ces bons avocats, qu'il y a différents genres de jugements à porter sur ce genre de mandarins. Certes, on les peut regarder du point de vue scientifique, mais il faudrait leurs yeux à eux, puisque ce point de vue sublime, ils sont seuls à l'avoir. Je n'ai jamais prétendu égaler leur génie. Je suis un homme du public, — ce qui, d'ailleurs, n'est pas rien, puisque c'est au public qu'ils font part de leur science ; — mais enfin, je juge du point de vue des gens simples, et je dis simplement : « Dans un pays sérieux, est-il de règle que l'Université soit farce ? Or, elle l'est. Pourquoi ? Parce que chaque fois que j'y entre, je ris. Rien de plus. Ayant ri, j'ai écrit que j'avais ri. C'est tout. Pas besoin de diplômes. Je suis très suffisamment compétent. »

Mais les amis politiques de MM. Basch, Aulard et Seignobos ne l'entendent pas de cette oreille. Ils ne veulent pas, parbleu, ils ne peuvent pas lutter avec la moquerie publique, car là, ils se sentent désarmés, eux et leurs fantoches. Il faut donc qu'ils enflent leur colère, et afin de lui donner quelque dignité, après leur fusée mouillée de l'incompétence, ils ont fait partir un gros pétard pour annoncer pathétiquement *la guerre civile*. Dans des entonnoirs, comme à la Foire du Trône, ils ont clamé :

— C'est abominable ! Voici qu'on se re-déchire entre Français ! L'Union sacrée est en péril! C'est de nouveau *l'Église,* dressée contre l'Université! [1].

L'Église! Et l'Église, c'était moi. Quel coup de maître! Puisque j'avais écrit que toutes les cinq minutes M. Aulard chevrotait : « Laïque... républicain... républicain... laïque », c'est que je parlais au nom des sacristies, et que je voulais revenir aux vieilles haines religieuses.

— Pardon, ai-je répondu, je n'ai fait que répéter ce que dit M. Aulard.

— Du tout! Nous devinons la manœuvre. *L'Église, non contente de rétablir les relations avec le Pape, veut maintenant renverser la vieille et noble Université française, dernier rempart de l'esprit critique et du libre examen* [2]... Jésuites!... Stanislas!... les Postes!... la rue de Madrid!

Allons, allons, Monsieur Homais, calmez-vous! On vous croyait pharmacien à Yonville : êtes-vous devenu journaliste à Paris? Le passage comique que je viens de citer,

____

(1) *La Victoire,* 22 mars 1921.
(2) *Ère Nouvelle,* 25 mars 1921.

et qui a paru dans l'*Ère Nouvelle,* suivi de la signature « *Intérim* », ne peut être que de vous...

Cher Homais, il se cache en vain. Son style le trahit, où qu'il écrive, même dans *Le Temps,* où il signe **P. S.,** sans doute post-scriptum... à *Madame Bovary.* Il y a justement cent ans que Gustave Flaubert est né; il a voulu faire rire son ombre. Merci. Et merci pour tous ceux qui rient avec Flaubert de ce genre d'égarement fanatique. Grâce à ce **P. S.** et à cet *Intérim,* voici que notre farce va crescendo : c'est la loi même du genre. Messieurs les radicaux-laïques, vous m'aidez avec trop de désintéressement : je vais vous demander un petit effort nouveau. Vous êtes déjà d'une drôlerie incroyable. Ne voulez pas vous forcer encore et vous hausser maintenant jusqu'à une dernière invention plus bouffonne?... Oh! je vous en prie!... Quoi? L'auriez-vous trouvée?... Si vite?... Pas possible?

Ils l'ont trouvée!

Et les fruits ont passé la promesse des fleurs.

Intérim-Homais, ce digne ami, avait écrit : « C'est aux étudiants républicains, « à la libre jeunesse des écoles, de dire « maintenant si oui ou non, ils veulent « subir la loi des *ultras* de l'*Echo de Paris*. « Nous croyons que d'ici peu ils rendront « publique une riposte péremptoire. »

Ce « péremptoire » m'avait mis en goût. Je pressentais, cette fois, un effort d'un burlesque vraiment large. Mais l'homme est si fragile que sa sottise même n'est pas sûre, et à mon espoir se mêlait l'énervement de l'incertitude. Dieu soit loué ! Je vous répète qu'ils ont été plus loin que mon désir. Voici la riposte péremptoire, publiée dans les feuilles radicales :

POUR LA LIBERTÉ D'OPINION.

« *Un journal du matin ayant entrepris* « *contre MM. Basch, Aulard et Seignobos,* « *professeurs à la Sorbonne, une campagne* « *de dénigrement, le* COMITÉ CENTRAL DE LA « LIGUE DES DROITS DE L'HOMME *a décidé* « *d'offrir à ces trois maîtres un grand ban-* « *quet* DÉMOCRATIQUE.

« *Ce banquet aura lieu le mercredi 13 avril*
« *1921, à 20 heures.*

« *Tous les républicains soucieux de dé-*
« *fendre la liberté d'opinion, et tous les*
« *amis de MM. Basch, Aulard et Seignobos,*
« *sont spécialement invités à cette manifes-*
« *tation.*

« *Les adhésions seront reçues à la* Ligue
« des Droits de l'Homme, *10, rue de l'Uni-*
« *versité. (Prix du couvert, service compris :*
« *11 francs.)* »

Quelle contribution à la joie de tous ceux
qui aiment la comédie !

Un banquet démocratique et consola-
teur pour sauver la pensée libre du pays!
Ah! j'ai pleuré que Molière fût chez les
morts! De ce banquet, sur l'heure, il eût
fait un pendant génial à sa Cérémonie du
Malade.

J'ai eu tort d'écrire : « Ces gens n'ont,
à aucun degré, le sens du ridicule. » Ils
l'ont étonnamment, dès qu'il s'agit de s'en
couvrir. Pour la première fois ils étaient
donc des maîtres ! Enfin, ils étaient venus

sur le terrain de la farce... où je les conviais : c'est le cas de le dire. Et d'avance je me les figurai autour de leur table où, pour onze francs, on n'allait leur offrir qu'une soupe à l'oignon et de la charcuterie, alors qu'ils auraient eu besoin de vins chauds et généreux.

Ils n'eurent même pas cela : *L'Union des Coopérateurs* (enseigne prometteuse), boulevard du Temple (quartier folâtre), ne put leur servir, le 13 avril, que des boulettes d'une viande anonyme, dans un brouet noir.

Pour s'en régaler, ils vinrent à trois cents, de l'un et l'autre sexe, tous le cœur plein d'une indignation laïque. L'état de colère n'aide pas à festoyer : ce furent des agapes pénibles.

Les trois grands maîtres arrivèrent ensemble. Entrée de ballet inégalable. Ils s'assirent en cadence à la table d'honneur. Puis entre eux, on plaça des dames, toutes également laïques. Et le président, M. Ferdinand Buisson, plein d'humour, annonça, au nom de la Laïcité, que le grand banquet démocratique du 13 avril était commencé.

Alors, ils se mirent tous à mâcher en grinçant des dents, car beaucoup, soudain, s'apercevaient dans quelle charge d'eux-mêmes ils étaient tombés. Ils défendaient la liberté d'opinion, en se rebiffant contre la mienne! Et ils savaient bien au fond, qu'Aulard, Seignobos et Basch n'étaient que des fantoches. Ils ne les glorifiaient que pour la forme, la fô-ôrme! eût dit Bridoison. D'ailleurs, devant tous ces enrôlés de la pensée libre, Seignobos, à sa table d'honneur, ricanait, tressautait, et roulait entre ses doigts de petites boulettes de pain, qu'il jetait avec mépris sous la table.

Quand vint l'heure du dessert, je veux dire le temps où on aurait pu servir un dessert, M. Ferdinand Buisson dit encore :

— Au nom de la Laïcité...

C'était le signal, que ceux qui étaient venus pour sauver oralement la Démocratie et la Conscience Universelle pouvaient prendre la parole.

On vit donc se lever des gloires du Parlement et de l'Université : MM. Séailles —

Paul-Boncour — Paul Painlevé. Tous, prenant des verres vides, engagèrent avec flamme les convives à boire à ma perte.

M. Séailles, dans un frémissement d'une philosophie magnifique, déclara le premier que j'étais un « petit esprit ». Les grands esprits qui étaient là, applaudirent.

M. Paul-Boncour, avocat habile, qui sait qu'on n'a l'esprit vraiment libre qu'en plaidant sur un dossier qu'on ne connaît pas, proclama : « Je n'ai pas lu les articles, et ne les veux pas lire. Je sais de qui ils sont. Cela me suffit ! » Tous les autres, qui les avaient lus, applaudirent.

M. Paul Painlevé, avec une modération qui rappelle le solide équilibre dont il fit toujours preuve au pouvoir, s'écria : « Ce sont les arlequinades d'un valet de plume! » Et ces mots conquirent les valets eux-mêmes, car ils avaient servi plus de trois cents convives, qui n'étaient venus que pour ces arlequinades.

Enfin, on lut des lettres de quelques « laïques », retenus par leurs affaires, et dont l'un m'appelait le « *représentant offi-*

ciel du Syllabus ». A ce mot fatidique, ensemble, en chœur, comme s'ils représentaient trois erreurs humaines, Aulard, Seignobos et Basch se dressèrent et répondirent : « qu'ils bénissaient cette félonie de publiciste, puisqu'ils étaient, grâce à elle, le prétexte d'un resaisissement complet des forces républicaines. »

Le grand banquet était terminé. Chacun sortit en faisant « Ouf ! » Il se sentait un goût de fiel sur la langue et une lourdeur au foie.

... Et moi, pendant ce temps, le même jour, à la même heure, avec les plus joyeux de mes amis, je buvais trois vieilles bouteilles de vin d'Anjou à la santé de la France, ainsi qu'à l'avenir de la Comédie dans ce pays de la malice, qui n'a jamais pu sentir ni les sectaires ni les pédants.

SECONDE ENTRÉE DE BALLET :
MESSIEURS PUECH ET MARTHA
DANS
LEURS LANGUES MORTES

Le tableau du Banquet ayant exigé une mise en scène et une figuration, il a fallu tirer le rideau, mais nous ne sommes qu'à moitié de la Farce. Le temps que la *Ligue des Droits de l'Homme* range sa vaisselle et ses notabilités politiques, je frappe trois coups et je recommence.

Après les trois maîtres essentiellement démocratiques, en voici trois autres. Seconde entrée de ballet. Je vous annonce la *Poésie grecque*, l'*Éloquence latine*, la *Littérature française*. Ce n'est pas rien, direz-vous ? Hélas ! si ! Ce n'est rien, rien de rien. Les titulaires de ces trois chaires marchent

dans le vide, et représentent le Néant. Ils s'appellent MM. Puech, Martha et Michaut. Ne croyez pas que ce soient des noms de mon invention. Vous ne les connaissez point? Personne ne les connaît. Mais ils s'appellent comme je vous dis, et ils occupent trois chaires importantes à la Faculté des Lettres de Paris.

Ils sont inécoutables. Ils n'ont ni goût, ni forme, ni saveur, ni odeur : même la fine et discrète politique ne les intéresse pas. L'esprit ne peut s'accrocher à rien de ce qu'ils disent, car ce qu'ils disent n'est vivifié par rien qui ressemble à de l'esprit. Les vrais étudiants ne mettent jamais les pieds à leurs cours. Personne ne peut les défendre. On ne les consolera pas par un banquet. Et je suis seul à vouloir leur faire trois notes de musique.

M. Puech !... Considérons d'abord cet homme considérable ; car enfin, ce n'est pas rien d'annoncer sur sa porte : *Littérature grecque : poésie bucolique; Théocrite.* Ces cinq mots annoncent un programme à faire rêver ! Il semble qu'on va entendre chanter des sources, et sentir la caresse du vent en mangeant du fromage à la crème... Terre et ciel ! Si vous entrez chez M. Puech, dans quel état d'amertume vous sortirez !... Qu'est-ce que M. Puech ? Qui dira d'où il vient, où il va, ce qu'il pense, ce qu'il fait ? Pauvre Grèce ! France infortunée ! Lamentable Sorbonne !

Ce qui me cause le plus de souffrance, quand j'entends M. Puech, c'est qu'il se rend compte de sa pauvreté. Son regard honteux, sa voix vacillante, son air d'égarement, sont comme une prière au public :
« Je vous en supplie, ne m'écoutez pas !...
« Rêvez à vos affaires, à vos amis... Prêtez
« l'oreille à votre imagination... si vous en
« avez. Moi, je n'en ai aucune : je suis bien
« malheureux... Il faut que je vous com-
« mente l'Idylle III de Théocrite, et il ne
« me vient pas une idée, pas la moitié
« d'une !... Quatre pages, sur lesquelles il
« faut que je parle une heure !... J'ai eu
« beau arriver en retard de dix minutes, il
« m'en reste cinquante !... Un siècle !... »
Éperdu, il regarde l'horloge. Il ne cessera

plus de la regarder. Il verra l'aiguille sur chaque seconde, et il va se violenter, endurer mort et passion, pour remplir tout ce temps-là par d'interminables phrases en prose, qui seront le délayage assassin d'une divine poésie.

« *Je vais faire la fête chez Amaryllis.* »

Premiers mots de l'Idylle de Théocrite; début cruel pour M. Puech à la torture! Il le retourne, ce début, l'épluche en tous sens, hésitant et s'enrouant, gémissant sur soi-même : « Pourquoi diable est-ce que j'enseigne le grec? Ma vie n'est qu'un quiproquo... »

Et il n'est que quatre heures quinze : cinq minutes seulement qu'il est là...

« *Amaryllis, je t'apporte dix pommes.* » — Dix pommes, oui, dit M. Puech... mais quelles sont ces pommes?... De quelle nature?... Le poète ne le dit pas...

Il tousse, se tourne encore vers l'horloge... Misère! Quatre heures dix-sept!

— Nous remarquons cependant, continue M. Puech, que si les pommes... ne sont pas matériellement décrites, elles sont... caractérisées psychologiquement... car Théocrite ajoute : « Je t'apporte dix pommes... que j'ai cueillies, là où tu m'as ordonné de les cueillir. » Ce sont donc, Messieurs, des pommes désirées par Amaryllis...

Malgré la peine qu'il a eue à trouver lentement ses mots, pitié pour lui : il n'est que quatre heures dix-neuf!... Ce cours est un supplice. L'idylle gracieuse, traversée de cris de passion, devient avec M. Puech un pain pour les ours dont il étouffe son auditoire. O ciel bleu de la Sicile, bruit de la mer, charmantes filles, chèvres, fleurs, montagne, tout devient informe à l'aide de M. Puech!... Et il n'est que quatre heures trente !

Enfin, à cinq heures moins cinq, pris d'une vigueur soudaine, il bredouille :

— La chanson, Messieurs, la chanson finit par : « J'ai mal à la tête. Je me suis donné bien du mal pour rien... »

Est-ce lui qui parle ainsi? Et est-ce de lui qu'il parle? Tout à coup, son cas l'épouvante. Trois minutes avant l'heure, il s'enfuit.

C'est vrai, qu'il s'est donné du mal... et
que ses auditeurs, endoloris, se tiennent la
la tête.

Par bonheur, le cours de M. Martha n'a
lieu que le lendemain : entre les deux on
peut prendre le lit. Il faut cela pour se re-
mettre de l'un et se préparer à l'autre, car
le pauvre M. Martha est encore plus singulier que le pauvre M. Puech. C'est un phénomène universitaire, stupéfiant et conster-
nant.

Ce qui confond d'abord, c'est que la première fois qu'on voit M. Martha, on le trouve
plaisant cinq minutes. Cet homme, dont une
seule heure de cours écrase l'esprit comme
quinze jours au fond d'une cave, commence
par faire rire. Il a une tête goguenarde, un
nez jobard, un petit œil madré. Quand
il entre et qu'on ne l'a jamais vu, il évoque
les facéties du cirque. Mais... au lieu de
crever des cerceaux de papier, ne voilà-t-il
pas qu'il s'assied gravement, et gravement
installe livres, montre, verre d'eau. On
pense : « Il singe quelqu'un. Il imite un

vieux Monsieur. » Et grâce à cette idée, on prend plaisir au début, chantonné d'une voix nasillarde et pompeuse. (Chez moi, si je veux faire rire mon petit garçon qui a quatre ans, c'est ce ton-là que je prends, et cette voix-là que je fais). Mais si l'on est parmi le public, on ne se divertit vraiment que quand on partage une joie commune. Sinon, on est un monstre. Or, les auditeurs de cette éloquence française sur l'*Éloquence latine* paraissent avoir l'âme abattue et misérable. Si bien qu'on se fait violence pour s'accorder au sentiment des autres, et tout à coup, on ne voit plus de M. Martha que sa médiocrité et son insignifiance. Au point que, pour ma part, je pensai : « Il doit être souffrant... » Je ne voulus pas l'entendre toute une heure, je lui fis crédit; je revins huit jours après : il était pire que je n'avais cru. Je revins encore : chaque fois il se surpassait ! Force me fut de conclure que son génie propre et coutumier était d'être... était de *n'être pas*.

Pourtant, M. Martha a un trait positif : dans le vide, il est satisfait. M. Puech, lui, se bat les flancs pour arriver au bout de son cours. Il a l'air professeur malgré lui, comme Sganarelle était médecin. Il est le néant, mais il le sait ; il se désespère, ayant hâte de s'enfuir. Tandis que M. Martha est enchanté, et le sourire des belles âmes, contentes de leurs bonnes œuvres, fleurit sur ses lèvres. Le banal est son élément ; le poncif lui suffit ; dans le mot creux, il voit une trouvaille. Et je ne dis pas qu'il est fier, mais il est béat de sa stérilité.

Tout ce qui tombe de sa bouche est aussi prévu que ses gestes pour s'installer. Il ne peut pas prononcer *œuvre* sans dire *considérable, émotion* sans dire *profonde ; fierté* sans dire *légitime*. Dès qu'il commence une phrase, mentalement, par dérision, amusez-vous à la finir : à tous coups, vous tomberez juste. Dans les minutes graves, il parle comme un sous-préfet sur la tombe d'un capitaine de gendarmerie. Dans les moments de détente, comme un député au mariage d'un sous-préfet.

Mais ceci n'est encore que son talent spécial de l'expression. Si les mots exacts n'arrivent pas à la surface de son cerveau, il pourrait par ses à peu près indiquer qu'au moins il a des pensées... profondes. Laissons donc la forme, cherchons le fond. M. Martha traite de Tite-Live. Il explique que Tite-Live s'est trouvé en face de certaines légendes populaires. Et voici là-dessus ce que sa pensée créatrice élabore :

— Messieurs, ce sont ces légendes, ces légendes-là, ces légendes contre lesquelles personne n'a le courage de s'inscrire en faux, ces légendes respectées par tous, ce sont, dis-je, ces légendes, que Tite-Live à son tour n'ose pas toucher. Or, si l'on y regarde de près, j'entends si l'on veut être équitable, si vraiment on entreprend un examen consciencieux, un examen qui soit à la fois impartial et critique, — on voit, et si on ne voit pas, on devine, dans tous les cas, on comprend que Tite-Live ne fut nullement dupe de ces légendes-là.

M. Martha, tout aise de sa tirade, se laisse aller : il se renverse. Puis il reprend :

— Devant ces légendes, que s'est donc dit Tite-Live ?... Car ce qu'il nous a dit n'est pas tout ce qu'il s'est dit ! Que s'est donc dit Tite-Live ? Il aurait pu se dire : « Je suis un historien, et au nom de l'histoire... » Non ! Il ne se l'est pas dit ! Messieurs, il semble, — autant qu'on puisse le dire, puisque lui-même ne l'a pas dit, — il semble qu'il se soit dit ceci : « Oh ! que c'est singulier !... J'ai devant moi des légendes, des légendes dont quelques-unes sont puériles, des légendes vraiment enfantines, des légendes... enfin, je dis bien, puériles. Et tous mes concitoyens y sont attachés ; tous semblent y croire, ils les aiment ; bien mieux, ils les respectent ; bien plus, ils les défendent, c'est-à-dire qu'ils me défendent à moi, à moi Tite-Live, à moi historien, à moi qui veux faire œuvre impartiale, de dire précisément qu'elles ne sont rien, ou pas grand'chose, sinon des légendes. Ceci, en vérité, est extrêmement singulier. Ceci est même si singulier que ceci est mystérieux. Bref, il y a obscurité. Donc il doit y avoir doute. Je suis en présence de choses qu'il faut tirer au clair. En sorte qu'il convient de peser, et pesant de comparer, et après avoir comparé, de prendre garde. »

M. Martha sourit, content de ce long effort, ainsi que de l'heureux développement de son esprit. Et il conclut :

— Voici, Messieurs, ce que s'est dit Tite-Live !

Et voici comment le dit M. Martha !

Pour l'amour de Dieu, puisse cet extrait de cours vous suffire !... Je pourrais en donner six colonnes, vous n'auriez rien de plus ; il n'est que cela ; pendant une heure, pendant toutes les heures où il parle, le voilà ! Il existe encore moins que M. Michaut, moins que M. Puech. On ne peut même pas le discuter. On ne peut que l'apporter sur la scène, tirer les ficelles et dire : « C'est tout. »

Au bout de la table de M. Martha, il y a un robinet et une petite cuvette. Tandis qu'il parle, on devrait faire couler le robinet. Le bruit de l'eau monotone, fuyante et insaisissable, se confondrait avec celui du Maître.

————

VII

MONSIEUR GUSTAVE MICHAUT, COMMIS AUX FICHES

Allez, cuistre fieffé !...

Molière.
(Bourgeois Gentilhomme, II. 3.)

Je suis bien content d'arriver à M. Michaut, quoique je l'aie gardé pour la fin, comme un dessert. M. Michaut représente un cas passionnant. D'abord, c'est un excellent homme : tout le monde le dit, amis, élèves. Il suffit que vous demandiez :

— Est-ce un maître qui compte ?

On se précipite sur vous et on chuchote :

— Ne parlez pas de cela, Monsieur, il est si bon !

Ensuite, il symbolise l'effort nouveau de la Sorbonne littéraire. Là, je m'arrête, et sollicite votre attention.

Je vous ai fait entendre MM. Puech et

Martha. Vous êtes affligés, n'est-ce pas, de leur rhétorique ? Eh bien, un homme, que j'appellerai « le rénovateur des lettres » à la Sorbonne, a éprouvé cet état pénible, voici déjà quelque quinze ans. Aussitôt, par haine d'un enseignement oratoire et superficiel, voulant en cela suivre le mouvement prodigieux donné aux sciences historiques par M. Aulard et M. Seignobos, il a créé les *études littéraires scientifiques*. Ne froncez pas les sourcils : les belles choses ne sont pas toujours tout de suite accessibles. M. Lanson, car il s'agit de M. Lanson — (vous pouvez rester couvert) — a fondé le « Laboratoire des Lettres », dans lequel on dépouille objectivement, on compile scientifiquement, et on se défend surtout de penser personnellement. On travaille, comme pour l'Histoire, parmi des casiers de fiches. La Fontaine, par exemple, a écrit une fable qui s'appelle *L'Ivrogne et sa Femme*. Avant de la lire, on se précipite sur toutes les fiches ayant trait aux ivrognes connus, passés ou présents. On établit par une statistique le nombre de fois que les auteurs français ont mis

des ivrognes dans leurs œuvres depuis le
xii⁰ siècle. On montre par une courbe la
progression ou la décroissance de l'emploi
du type. On déduit par une note que tout
compte fait, après avoir bien établi, pesé,
vérifié, considéré, il faut peut-être se garder
de déduire. Et enfin on démontre par le tout
qu'on est un cuistre. Après quoi, on lit la
fable.

Je vis bien des fois M. Lanson qui fut
mon maître (et je le remercie au passage,
car il a aiguisé en moi le sens du comique),
— je vis bien des fois M. Lanson travailler
de cette forte manière.

Il avait fait une autre découverte que je
tiens à dire. (Ne vous impatientez pas si j'ai
lâché M. Michaut : M. Michaut ne s'explique
que par M. Lanson. Il faut remonter aux
sources ; c'est la méthode scientifique).
Donc, M. Lanson avait découvert un rythme
chez les grands écrivains. Ayant l'âme
généreuse, il associait les étudiants à ses
trouvailles, je veux dire qu'il aimait à les
voir trouver ce qu'il publiait ensuite. Nous
préparions nos licences et ses livres.

Était-ce à moi, par exemple, d'établir le rythme de Pascal ? J'ouvrais la première *Provinciale*.

« *Monsieur, nous étions bien abusés*, dit l'auteur. *Je ne suis détrompé que d'hier.* »

Que voyez-vous dans ces deux phrases ?... Rien, parce que vous êtes des profanes, tandis que moi qui ai travaillé avec M. Diafoir... pardon, avec M. Lanson, j'ai la joie de savoir que ces deux phrases peuvent s'écrire scientifiquement comme suit :

$$2 - 1 - 2 - 1 - 3$$
$$1 - 1 - 1 - 3 - 1 - 2$$

Ouvrez maintenant les *Pensées* : faites un nouveau barême. Ouvrez le *Discours sur les passions de l'amour* : encore un barême. Et quand vous avez les trois, comparez, et concluez... si vous trouvez à conclure. Car si vous ne trouvez pas, n'importe : en soi, cet établissement est passionnant ; c'est de la science ! Aujourd'hui, vous n'en déduirez rien. Vos petits-enfants, peut-être, y découvriront quelque chose. C'est un travail lansonien qui doit être fait.

Seulement, ce genre d'études exige de jeunes esprits de tout repos, sans personnalité inutile, ni précocité dangereuse.

— Vous êtes mes équipes de travailleurs, disait toujours M. Lanson, avec un dandinement d'ours, en sa bonne langue pâteuse.

Il lui fallait pour l'aider des étudiants et des professeurs sûrs, qui consentissent, en une étude dite littéraire, à n'exprimer ni leurs goûts ni leurs avis : faiblesses subjectives, donc incompatibles avec la Science des lettres, dans cette maison du Haut Enseignement. De là à ne s'assurer le concours que d'hommes incapables, littérairement, d'une idée à eux, il n'y avait qu'un pas : M. Lanson le franchit avec allégresse. Et maintenant, vous êtes à même de comprendre M. Michaut.

Cet homme excellent, qui aurait pu être un grand épicier plein d'ordre, un huissier-audiencier attentif, un fonctionnaire distingué, qui aurait pu faire figure dans une trentaine d'éminentes professions, le hasard a voulu qu'il tombât dans la science universitaire ! Il y est devenu ce qu'il pouvait être, un manœuvre de M. Lanson, un commis aux fiches, qui dépouille, recense, énumère, qui fait des listes de noms, des comparaisons de dates, des notes sur des sources, des tables sur des notes et des tableaux avec des dates, occupant à la grande surprise de tous ceux qui n'ont jamais entendu parler de lui, une chaire de *Littérature française* à la grande Université de Paris, cette lumière du monde.

Avant lui, à sa place, on pouvait admirer un M. Mornet, qui, depuis, s'est consacré aux seuls cours privés. Il était de la même école, en bouffe. Car celui-là dormait debout, s'assommant lui-même. Chacune de ses phrases semblait une chute. Il avait l'air de chevaucher sur cette vieille ânesse qu'est la Sorbonne. La bête somnolait comme lui. Lui divaguait à mi-voix, à propos de ce qu'il avait colligé, compilé, empilé. Puis soudain, tous deux se cognaient contre un mur dans la nuit, et s'aplatissant le nez, il terminait une période dans un hoquet. C'était un beau spectacle d'esprit français.

M. Michaut joue une autre farce, qui n'est pas supérieure. Je n'indique point par là que d'autres pourraient faire son cours tel qu'il le fait. Il est inégalable dans le genre : M. Lanson peut être fier de son élève. Mais je dis que M. Mornet laisse un souvenir impérissable aussi. Et cela est important pour les destinées de la comédie en France.

M. Gustave Michaut parle devant un amphithéâtre bondé. Ce succès vient du sujet, non qu'il traite (il n'a pas à « traiter » un sujet : ce ne serait pas scientifique), mais qu'il annonce : *Molière !*... Quel est le Français qui n'aime pas entendre parler de ce grand homme ? Donc, on vient, on se tasse, on attend, et... M. Michaut paraît. A sa vue, quelques vieilles demoiselles applaudissent avec piété. Mais, pour paraître indépendant, cet excellent homme de laboratoire littéraire commence par « Messieurs », sans plus. Quelle imprudence ! Je suis là, moi, parmi les messieurs, je guette M. Michaut, et c'est à moi qu'il s'adresse, alors qu'il y a de si bonnes âmes du sexe féminin !...

Il s'adosse à son fauteuil, la mine satisfaite. Il est carré d'épaules. Il a une forte tête. Vêtu de noir, noir de cheveux, noir de barbe, et l'œil noir, il a l'air de sortir d'une échoppe, où il aurait ressemelé des chaussures. Il passe à un autre genre de fantaisie : il va étudier Molière... Ah !... Sans doute a-t-il sur ce génie comique des aperçus remarquables par leur vie et leur verve. Regardons. Écoutons.

M. Michaut joint les mains, et le voilà parti d'une voix où roulent les r, où sifflent les s, d'une voix de fausset, qui devient une voix de poitrine, pour ensuite se faire flûtée, puis grassouillette et toute précieuse, une voix drôle, irrésistible, qui, tout de suite, fait songer à Mascarille ou à M. de Pourceaugnac joué par quelque acteur de province. Oui, oui, c'est bien un cours sur Molière !

M. Michaut, pourtant, n'a pas l'air de vouloir parler tout de suite des *Comédies* du grand homme. A-t-on de lui d'autres œuvres ? Il ne semble pas. Mais M. Michaut veut commencer par le commencement. De

même que pour vous entretenir scientifiquement de M. Michaut, j'ai dû vous expliquer d'abord ce qu'était M. Lanson, de
même, avant de se permettre de toucher à
Molière en 1921, il convient que M. Michaut énumère tout ce qu'on a pu dire de
lui dans toutes les Universités de France
et de Navarre, ainsi que dans tous les
livres de littérature universitaire, depuis
trois cents ans : cela est juste. — Exemple :
Molière est né à Paris. Eh bien, une question se pose. Son talent se ressent-il de
cette naissance ? Oui, ont dit les uns. Pouh !
ont dit les autres. Peut-être, conclut M. Michaut en 1921. — Molière vécut de onze à
quatorze ans avec une belle-mère. Est-ce la
raison pourquoi il n'y a pas de mères dans
son théâtre ? Certes ! ont dit ceux-ci. Bah !
ont dit ceux-là. Qui sait ? conclut M. Michaut en 1921. — De sa mère tenait-il une
santé délicate ? Des contemporains l'af-
firment. Dans la suite on le nie. C'est possible, mais pas sûr, conclut M. Michaut en
1921. — Certains prétendent que son père,
ce fut Harpagon, sa belle-mère Béline.

M. Michaut se renverse encore et prononce
sur un ton sucré, sur un ton satisfait, sur
un ton de petit marquis en train de minau-
der avec une précieuse, dans sa ruelle, au
fond du Limousin : « Tout compte fait, cela
n'est pas prouvé. » — Vive la science littéraire !

A vrai dire, ce petit jeu peut continuer
quinze ans ; car pourquoi arrêter le défilé
si agréable de ces abracadabrantes consta-
tations ? Dès que M. Michaut tient une date
(les dates, que c'est passionnant !), il en
propose dix, les pèse toutes, et s'en remet
au jugement de l'auditoire. Dès que M. Michaut remonte à une source (ah ! les
sources ! seul un savant littéraire sait
comme il faut remonter aux sources !), —
aussitôt il en trouve une dizaine, les com-
pare et aboutit encore à cette conclusion
enivrante qu'il n'y a rien à conclure. Après
quoi, comme l'année s'avance, et que les
étudiantes scandinaves ou que les étudiants
yougo-slaves n'ont encore rien pu cueillir
de certain pour remporter dans leurs pa-
tries, M. Michaut consent à aborder les *Co-*

médies mêmes de Molière... Dieu ! serait-ce possible ?... Chacun pâlit et se cale sur son banc. M. Michaut va-t-il faire une lecture ? Ah ! que ce serait émouvant ! Car, on sent bien qu'il a du feu, de la sensibilité, de la hardiesse dans l'esprit. Mais... patience !... Il ne va pas lire encore ; il ne peut pas lire encore !... D'abord des faits, d'abord des dates, d'abord des titres, et la recherche si importante des origines, et la question primordiale d'établir si chaque pièce est bien de Molière, j'entends par quoi il fut inspiré, et surtout par quoi il ne le fut pas ! Tout cela dans une forme, certainement scientifique, car chaque fin de phrase y paraît... du Delille... en prose ! Je ne puis même pas traduire ici l'essentiel d'un cours de l'excellent M. Michaut : nous sommes dans le domaine des impondérables, et les mathématiques seules peuvent par un certain chiffre marquant l'inexistence, en donner une idée. On entend : « D'une part... d'autre part... En considérant que... Tel est le problème... D'une part... Et d'autre part... »

Enfin, après dix, douze leçons, il se décide tout de même à essayer — oh ! simple essai ! — de lire un peu, un rien de Molière, du Molière en vers, vers larges et puissants, qu'il traduit dans une prose sorbonarde, impersonnelle et invertébrée, la seule permise (souvenons-nous de M. Lanson, et méfions-nous des grâces du talent !)

Pleurez mes tristes yeux ! En dépit de notre attente, même en dépit de la science, quand M. Michaut — qui, ne l'oublions pas, est un homme excellent, — lit ce que nous avons de plus franchement drôle dans notre littérature, quand il le lit en Sorbonne, ce foyer de l'esprit, devant le public de Paris, cette lumière du monde, — personne jamais, ni vieux, ni jeunes, ni les Asiatiques, ni les Européens, personne jamais ne songe à prendre même un air qui ressemble à de la gaîté. Il lit Molière, et personne ne rit !...

Chut ! ne vous indignez pas ! Quelqu'un de haut placé m'a fait entendre qu'ainsi M. Michaut élevait le comique de l'auteur jusqu'à la gravité de l'Étude... Ceci est troublant. A mon tour de m'élever ; la

langue prosaïque et quotidienne ne me
suffit plus ; à moi les Muses !

ENVOI

Michaut, Michaut Gustave, ô cher homme de
     Puisque ton cours ne coûte rien,   [bien,
     Je n'irai pas voir le Doyen
     Pour exiger qu'il me rembourse.

Mais... je t'en prie, au nom de mes concitoyens,
     Michaut, évite-toi la course !
     Lis chez toi Molière à ton chien,
     Et baigne-toi dans tes sources !

VIII

OÙ L'AUTEUR,
APRÈS AVOIR TRIOMPHÉ
DE TOUTES LES OBJECTIONS,
TIRE AVEC RESPECT
SA RÉVÉRENCE AU LECTEUR

Parbleu, dit le meunier, est bien fou du cerveau,
Qui prétend contenter tout le monde et son père.

(LA FONTAINE, III, 1.)

Dans un pays spirituel comme le nôtre, on n'écrit pas ce que je viens d'écrire, sans recevoir sur-le-champ cinquante lettres de louanges... de louanges qui portent aux nues des professeurs aussi savants et des cours aussi précieux. Les plus passionnées sont, bien entendu, signées par des esprits subtils qui n'ont jamais mis les pieds à la Sorbonne. S'élevant alors au-dessus des questions particulières, à l'inverse des malheureux hypnotisés par leur sujet, ils traitent avec bonheur de l'idée générale, et ne souffrent pas qu'on attaque la Nation dans son patrimoine le plus sacré.

— Où nous menez-vous, Monsieur? disent-ils, fort indignés.

Ils s'étonnent qu'on trouve tant de pédants là... où la Société les fabrique ! Et ils oublient qu'un pontife n'est le plus souvent qu'un imbécile... couronné par ses semblables.

Certains, particulièrement avertis, sont choqués du « peu de sérieux » d'une farce. Ils écrivent d'un style morose qu'ils ont éclaté de rire par surprise, mais qu'ils en ont comme une honte.

— Est-ce ainsi, ô Monsieur, qu'on doit parler des *hommes d'étude !*

Je réponds :

— Quand ils n'étudient rien, bien sûr ! Ces gens-là écrivent sur leur porte : « Laboratoire », mais sont des farceurs, et c'est ce que je tenais à indiquer. Croyez-vous que la préparation de leur cours leur use le cervelet? Prenez M. Martha, si habitué à parler pour ne rien dire. Il se laisse porter par ses dons, cet homme. Que pourrait-il étudier ? — M. Michaut arrive de chez lui avec quelques extraits de bouquins médiocres, desquels il refera un médiocre bouquin d'extraits. — M. Aulard, depuis 1888, date à laquelle la Ville de Paris l'a pourvu, débite tous les huit jours, dans sa chaire de la Révolution, son refrain bien-aimé : « Laïque... Républicain... Républicain... Laïque... » — M. Basch s'en vient à la Sorbonne comme aux réunions de la *Ligue des Droits de l'Homme,* fort de son acquis, de son verbe et de son cynisme. Enfin, Seignobos partant pour son cours, saisit au hasard quelques paperasses sur sa table, les jette en ricanant dans sa serviette, et s'il s'y mêle la note du fumiste ou la feuille des contributions, il éprouve un diabolique plaisir à puiser là des chiffres, qu'il sert en bredouillant à ses auditeurs, parmi ceux du recensement des notaires ou des vers à soie. C'est ce qu'on appelle le *Haut Enseignement Supérieur !* Que ceux qui l'admirent lui composent des litanies. Moi je fais ce que je sens, qui s'appelle un pamphlet.

— Bon ! Très bien ! Soit ! J'admets ! m'écrit un inspecteur d'Académie. Mais pour que ce pamphlet ait une portée, il eût fallu,

Monsieur, que vous étudiassiez ces Maîtres non du *dehors,* mais du *dedans.*

— Et s'il n'y a rien dedans ?

— Vous n'êtes pas sérieux !

— C'est la trentième fois qu'on me le dit, après que je l'ai eu dit moi-même ; car j'ai bien annoncé que n'ayant pour moi que mes yeux et mes oreilles, je ne pourrais prendre ces Messieurs que tels qu'ils sont, et non tels qu'ils voudraient paraître.

Là-dessus, nouvel assaut. Je ne suis qu'un *caricaturiste !* Et c'est pitié, là où il faudrait un *critique !* Je dénonce des gestes. Je répète des mots. Qu'est-ce que cela ? « Phénomènes extérieurs ! » dit la Science. Rien de profond. Rien de creusé. Rien de disséqué. Simple peinture. Aucun argument. Pas de discussion. Où sont mes notes, mes fiches, mes tableaux, mes barêmes ?...

On me parle comme à un accusé. J'écoute poliment et réponds timidement :

— Mes bons Messieurs, votre remarque est juste. Tous les hommes de science, d'étude et de laboratoire, toutes les âmes cultivées, pondérées et sérieuses, tous ceux qui prennent leur tête dans leurs mains pour penser, et mettent la main sur leur cœur pour parler, ont droit en effet, sur cette noble question, à autre chose qu'une farce.

En conséquence, je nourris pour eux le projet d'une Édition savante et critique de ce petit livre, augmentée de gloses, de commentaires et de tables.

On y verra le texte réduit à deux lignes par page, mais le reste sera très agréablement rempli par des références dans le genre de celle-ci.

— Quand j'écrirai par exemple : (page 113) « M. Lanson a découvert un rythme chez les grands écrivains », — là, je m'interromprai, et je mettrai une note importante, où j'étudierai (dans un caractère d'imprimerie minuscule pour mieux forcer l'attention), le rythme de M. Lanson lui-même. Car, ayant constitué, au cours de nombreuses années, un casier de fiches lansonien, c'est-à-dire ayant scientifiquement étudié chaque œuvre de M. Lanson, je crois avoir fait quelques découvertes marquantes. J'ai, par exemple, additionné les syllabes de la plupart de ses phrases écrites, et j'ai trouvé, pour le début d'un de ses meilleurs livres, dont je ne puis ici donner le titre, dans une édition simple, à l'usage de lecteurs superficiels, — j'ai, dis-je, trouvé : 122 — 34 — 70.

Or, me livrant au même émouvant travail pour certains grands auteurs du xviie, n'ai-je pas découvert que le début du sermon de Bossuet sur *La nécessité des souffrances* pouvait arithmétiquement être figuré par ces trois chiffres : 122 — 34 — 72. Il y a là, entre M. Lanson et Bossuet, une similitude troublante que mon étude seule pouvait établir.

Ce n'est pas tout.

Étudiant en 1919 un chapitre de la *Littérature française* du même M. Lanson, j'ai obtenu : 60 — 115 — 110 — 14. Et en mars dernier, je suis tombé, à force de recherches, sur une gamme à peu près semblable dans le chapitre VII de *Robinson Crusoé,* traduction Petrus Borel ; à savoir : 59 — 15 — 110 — 15.

De tout cela il résulte qu'il y aurait à faire pour un étudiant particulièrement vif d'esprit, un joli travail, intitulé : « *De l'influence de Bossuet et de Daniel de Foë sur les gammes littéraires de M. Lanson, considéré du point de vue scientifique.* » Et s'il est permis d'attendre d'une étude de ce genre un élargissement de la Démocratie, l'édition Savante et Critique de ce livre me causera une fierté légitime (le rythme de cette dernière phrase est emprunté à M. Martha).

Au surplus, dans cette édition spéciale, je proposerai le remplacement de certains textes que M. Aulard a tirés des Archives, par d'autres textes apocryphes et spécialement faussés par moi. Ce travail, sur la seule question de savoir si Napoléon était franc-maçon, ne comptera pas moins de cent trente-sept pages, de quatre-vingt-deux lignes chacune.

Enfin, j'étudierai longuement les liens possibles à établir entre les pensées successives de M. Seignobos. Il y a là un problème qu'on ne peut espérer résoudre scientifiquement qu'en établissant encore un jeu complet de fiches. Sur chacune, on portera une phrase de l'éminent historien. On établira deux à trois mille fiches. On les mettra toutes dans un chapeau, un vaste chapeau, celui, par exemple, de M. Michaut, qui a une forte tête. On tirera ; on transcrira ; on obtiendra un premier texte. On recommencera ; on établira un second texte. On comparera les deux. Après quoi, on demandera une conclusion esthétique à M. Victor Basch.

Voici quelques aperçus de ce que sera mon édition nouvelle, digne celle-là, j'espère, de contenter les esprits pensifs, à qui ne peut pas convenir une étude simplement humaine, sans annotations, interprétations ni explications. Je me permettrai seulement de conserver à l'ouvrage le même titre, afin que les fiches qu'on a pu établir sur moi, ou à la Sorbonne, ou rue Cadet, ne soient pas inutilisables.

Et maintenant que j'ai satisfait les lecteurs *sérieux,* je me tourne vers les lecteurs *sensibles,* car ceux-là aussi ont un grief, et il est grave.

Ceux-là penchent la tête. Ils me regardent de côté, l'air douloureux. Parmi ceux-là, il y a beaucoup d'hommes faibles et de femmes charmantes. Ils me lisent et ils soupirent. Ils aimeraient m'aimer plus qu'ils ne m'aiment. Ils sont dolents, inquiets, généreux. Je les connais ; je les reconnais. Je les entends gémir à chacun de mes livres. Ce sont des gens fort bien et touchants ; une bonne fois, je voudrais que nous causions ensemble.

Madame, n'ayez pas peur, prenez ce fauteuil. Vous, Monsieur, mettez-vous près de Madame. Et carrément, dites-moi de quoi vous m'en voulez...

C'est cela?... Je le savais!...

Ainsi, vous souffrez que j'aie écrit une *Farce* sur la vénérée Sorbonne, où pendant cent pages, j'ai *ri* de maîtres ridicules? Vous êtes bons, vous êtes patriotes, l'humanité vous semble encore plus pitoyable que comique, et vous éprouvez de ce que j'ai fait une gêne et un remords. Votre sensibilité s'émeut. Une voix grave chante en vous. Et tout à coup, avec le naturel des âmes sincères, vous vous écriez :

— Quoi !... A côté de ces fantoches, n'y a-t-il pas de *bons maîtres* qu'il convient de louer?

Madame, Monsieur... d'abord, vous ne sauriez croire comme la question ainsi posée, avec ce frémissement, me trouble et me confond... Votre cœur vous inspire bien, car il a touché juste. Oui, je le confesse, à la Sorbonne, comme partout ailleurs, il y a de belles âmes, et si elles se cachent, c'est précisément à l'observateur de les découvrir. Hélas, Berquin n'est plus !... Le tort d'un livre comme celui-ci, — qui malheureusement est achevé, — c'est de ne montrer que des cuistres, sous prétexte que ce sont les cuistres qui se montrent. La Science, que nous ne devons jamais perdre de vue en Littérature, nous assure de la nécessité d'aller regarder derrière les apparences. Si M. Basch se trémousse devant un amphithéâtre bondé, ce n'est pas là une des manifestations importantes de la Sorbonne.

L'important, c'est l'action modeste; l'important, c'est le cours de M. Bréhier qui traite des stoïciens pour trois élèves, ou celui de M. Pirro, qui joue sur un piano des airs vénitiens devant sept personnes. L'influence de ces deux maîtres peut être considérable. Ils parlent dans une cave. Méfions-nous des forces souterraines !

Bref, vous me voyez modeste, presque grave, en tout cas convaincu, et je voudrais, Monsieur, faire pour Madame et vous, le pendant de mon ÉDITION CRITIQUE. Je propose dans quelques semaines, de donner de ma Farce ce que j'appellerai une ÉDITION ROSE.

Le texte ordinaire y serait réduit; j'indiquerais simplement ce que je viens de développer avec complaisance, et je ferais suivre cette satire, certainement excessive, d'une seconde partie douce et agréable, où je présenterais dans un style exquis les figures suaves et malheureusement inconnues de notre chère Sorbonne. Cette ÉDITION ROSE pourrait être mise entre toutes les mains. On la vendrait, j'espère, au Secrétariat même de la Faculté, ainsi que dans toutes les librairies bien pensantes.

Et on y verrait :

Primo : que M. Le Breton, professeur de *Littérature française,* qui étudie les *Misérables* depuis vingt ans, commence à les connaître, et à en parler avec un bon sens qui mérite de vraies louanges. Alleluia !

Secundo : que le Docteur Dumas, professeur de *Psychologie expérimentale,* est un causeur éblouissant, doué comme si la fée de la conversation avait présidé à sa venue en ce monde, varié autant que la vie, et spirituel autant que la France (si je n'ose pas dire autant que le reste des français, c'est qu'il a des collègues qui portent ce titre par naissance ou naturalisation, et dont j'ai fait voir la bizarrerie ou la pauvreté). Par malheur, le Docteur Dumas fait un cours public, qui est fermé. Alleluia !

Tertio : que M. Chamard est léger, malicieux, plein de finesse... oh ! je vous demande pardon... ma plume vient d'écrire une insanité !... M. Chamard est, au contraire, le plus solennel, le plus pesant, le plus vide et le plus inutile des professeurs. Mes nouveaux sentiments d'indulgente émotion m'égaraient. Vous ne trouverez pas un étudiant qui ait passé à la Sorbonne depuis un quart de siècle, et qui ne prononce ce nom avec colère « Chamard ! ». Dès qu'il aura un cours public, il faudra l'ajouter à l'édition courante. Excusez-moi... Je voulais dire : tertio, que M. Fougères est un artiste ; qu'il sait faire revivre la Grèce... au moins dans son esprit, car il est bien timide et bien sauvage pour la ressusciter vraiment devant des auditeurs. Il ne fait son cours public que les yeux baissés, et il a hâte d'être seul... avec, à la rigueur, quelques étudiants cachés derrière une cloison, s'ils veulent profiter de son goût qui est le plus délicat, et de son érudition qui est infinie. Alleluia !

Quatrièmement, que M. Gallois enseigne la géographie avec la vie et la passion d'un voyageur qui aime la terre, l'air et l'eau. Il évoque ; il peint ; il est fort, il s'impose. Celui-là est un maître.

Enfin, on verrait que M. Reynier est le
plus aimable et le plus sensible des professeurs de lettres ; et que M. Schneider est...
le plus sensible et... le plus aimable des
professeurs de l'art... que... ah ! on lirait
aussi des choses très bien sur M. Brunschvicg ! Là, voulez-vous, je vais m'étendre
une minute, pour vous donner mieux le
goût de mon ÉDITION ROSE...

M. Brunschvicg est professeur de Philosophie Générale. C'est un maître inou-
bliable. Si je me permets de dire sur lui
mon sentiment personnel, ce n'est nullement que je prétende avoir des lumières en
philosophie, mais c'est que n'en possédant
aucune, j'ai pourtant toujours eu, en face
de ce professeur, la même surprise, et... la
même admiration que les hommes de mon
âge les plus éclairés sur les sujets philosophiques.

Voici. Je n'ai jamais compris un seul mot
de ce que disait M. Brunschvicg, même pas
le vocabulaire le plus courant, même pas
quand il dit *pain* ou *vin*. Cela vient de ce
qu'il ne saurait dire ces mots si simples,

sans les accompagner, avant et après, d'autres mots spécialement philosophiques, qui font douter du sens français de *pain* ou de *vin*. L'effet est saisissant.

M. Brunschvicg a été mon professeur au folâtre Lycée Henri IV, pendant deux longues années. Nous nous sommes considérés l'un et l'autre avec sympathie et étonnement. Je l'écoutais, et je n'entendais rien que des sons. Il m'interrogeait, et il n'entendait même pas des sons. Aussi, décida-t-il assez vite, dans son indulgence qui est la plus exquise, de me laisser tout à fait en paix. Je concourais avec les autres, mais il n'osait jamais me classer. Doux et souriant, il disait : « Monsieur Benjamin, n'est-ce pas, est en marge de la philosophie... » — Il n'avait pour moi aucune commisération méprisante, mais il faisait à mon égard une constatation objective.

Une nuit, — après une journée où je l'avais considéré avec une stupeur particulièrement vive (c'est ce jour-là, je crois, qu'il traita une heure entière le *moi* du *toi* en *soi*), — une nuit, dis-je, je rêvai de lui.

Il m'apparut moins souriant et plus pâle qu'à l'ordinaire. Nous étions dans un jardin. La lune blêmissait le ciel. M. Brunchvicg rôda d'abord autour de moi sans mot dire. Il me regardait avec de grands yeux argentés comme les nuages. Puis, il se promena, tête baissée, geste qui lui était habituel, comme si ses idées avaient été cachées en terre et qu'il leur eût dit avec effort : « Poussez ! Sortez ! Que je vous moissonne et vous récolte ! » Enfin, tout à coup, il monologua, et en termes cette fois compréhensibles, sans doute parce que je rêvais et que ses phrases à lui étaient de moi :

— « Si je vous apprenais d'où je viens, murmura M. Brunschvicg, le croiriez-vous ? Car... je suis venu par une nuit comme celle-ci, sur un rayon lunaire comme ceux-là. »

Je ne saisissais pas ; je demandai :

— « Que voulez-vous dire, Monsieur Brunschvicg ? »

Alors il s'arrêta et sourit. Mais au moment même où il souriait, il me parut si livide et si blafard que je n'eus plus, je le jure, aucun étonnement, quand il reprit d'une voix sans couleur :

— Benjamin... je suis un habitant de la Lune !

Puis il continua sa marche.

Alors, je dis :

— Mais Monsieur Brunschvicg, vous êtes le premier sur la terre, n'est-ce pas ?...

Il m'interrompit, souriant toujours :

— Suis-je le seul à enseigner la philosophie ?...

A ces mots, sa voix, déjà décolorée, s'éteignit ; il pâlit encore, s'estompa, et brusquement se confondit avec l'air de la nuit, tout éclairée de rayons.

J'appelai :

— Monsieur... Monsieur Brunschvicg !...

J'étais seul dans le jardin, avec le clair de lune.

A la lueur de ce rêve de ma jeunesse, j'ai mieux compris, cette année, l'incompréhension du cours de M. Brunschvicg. Certes, il joue, lui aussi, son rôle dans notre Farce, mais un rôle en marge, qu'il faut accompagner d'un air de flûte et d'un décor de fantaisie ! La philosophie est une douce folie charmante, quand elle n'est pas maniée par un cuistre. Or, M. Brunschvicg est l'antipode de ce type humain détestable. M. Brunschvicg ne dit rien jamais qui ne soit tout à fait à lui, pensé par lui et bien né de lui, et il crée, devant son auditoire, tout un chapelet d'idées qu'il appelle logiques, métaphysiques, et de cinq ou six autres épithètes en ique, et qui ne sont en fait que de délicieuses bulles, sitôt apparues, sitôt parties, que personne ne peut retenir, mais dont on lui sait gré. Car, en fin de compte, il est pour les cervelles une occasion de penser sans limites, la compréhension ne venant jamais borner les esprits qui s'abandonnent à lui. Cet homme, qui eut le premier l'idée de photographier les *Pensées* de Pascal, se présente à ceux qui l'écoutent sous des aspects sans cesse imprévus, et jamais avec lui, l'oreille ne comprend ce qu'elle a cru comprendre. Un soir, il avait terminé son cours par cette phrase fastueuse :

« *De la thèse subjective qui représente l'in-*

dividu, nous sommes ainsi passés à la thèse objectivement subjective du collectif qu'est l'universel. »

Et les étudiants étaient sortis avec cet égarement sur le visage, qui est le propre de ceux qui entrevoient l'infini.

Deux, pourtant, — les plus superficiels, — crurent, après quelques heures de médita-tion, avoir atteint le sens caché de cette conclusion brunschvicgienne. Et comme ils avaient de l'amitié l'un pour l'autre, ils se confièrent leurs découvertes. Sei-gneur ! Elles se tuaient l'une l'autre ! Aus-sitôt, nos deux étudiants de s'envoyer par le visage des mots sans philosophie ni amé-nité, jusqu'à ce qu'un troisième survînt, qui leur conseilla d'aller soumettre le cas à M. Brunschvicg même : il déciderait. Ils se rendirent à cet avis et partirent chez le maître.

M. Brunschvicg sourit et parla. Ah ! c'était bien simple ! Il avait voulu dire simplement « *que puisque l'universel était le collectif, la thèse de ce collectif-là, thèse subjective objec-tivement, était l'aboutissant de cette pensée à savoir que l'individu était représenté par la thèse subjective. »*

— Voilà ! C'est cela ! s'écria le premier étudiant, ravi.

— Oui, oui ! c'est cela ! répéta le second, qui se sentit inspiré.

Et ils s'en allèrent bras dessus, bras dessous.

Malheureusement, j'ai déjà dit qu'ils étaient superficiels. Ils voulurent reprendre à la lettre les paroles du maître, dont il n'eût fallu conserver que l'esprit et comme l'odeur philosophique, et s'échauffant sur elles, ils n'avaient pas fait cent pas qu'ils se disputèrent de nouveau, mais avec tant d'âcreté, cette fois, qu'ils en vinrent aux mains.

Voilà le genre de récit, instructif et moral, que l'on pourrait trouver dans mon ÉDITION ROSE. Si l'enseignement est d'abord l'éveil des intelligences, l'aimable M. Brunschvicg est un maître ; c'est même « le maître en soi ». On comprendrait donc mieux par ce portrait l'admiration fervente que des étrangers vouent à notre Sorbonne.

On sentirait aussi, et tout ensemble, opposées avec une louable équité, la grandeur et la misère de l'Université, ainsi que le profond mystère de l'entendement humain, lorsqu'il s'adonne à la sublime spéculation. Cette édition satisferait, je crois, les cœurs justes et bons.

Et maintenant, j'ouvre discrètement ma porte, prétextant qu'il fait un peu chaud, pour que le monsieur et la dame, à qui je devrai ce projet, puissent se retirer... tout en me remerciant.

Je les remercie de même, et les aime bien. Passez, Madame. Au revoir, Monsieur... Ouf! me voici seul!

Ah! que la solitude enfante des joies fortes! Vite du papier, vite du bois, que je ravive mon feu! J'ai besoin de le voir pétiller, éclater, librement, largement, comme si sur mes chenets, je brûlais de la graine d'imbécile! Dieu de Dieu! Que l'humanité est singulière, et que les gens qui lisent ont donc plaisir à se torturer l'esprit, pour *vouloir* toujours autre chose que ce qu'on *veut* leur donner!

Une *Farce,* j'annonce une *Farce !* Si vous êtes pion, laissez cela, et lisez la collection des thèses de doctorat depuis 1870 ! Et vous, Madame, si vous ne supportez de rire qu'à la condition d'être ensuite attendrie, le vieux répertoire de l'Opéra-Comique vous conviendra bien mieux.

Ces plaisirs une fois choisis, goûtez-les en paix, sans arrière-pensée, sans garder l'inquiétude que mon simple livre pourrait nuire au pays ! Certes, pas plus que l'amour ni que l'art des jardins, ma littérature ne vise au progrès de la race humaine, mais si elle peut distraire quelques rares esprits, elle est encore légitime. Soyez sans crainte, ces pages ne changeront rien à rien — ce dernier rien désignant, bien entendu, la Sorbonne... Les vieux Messieurs retraités qui préfèrent suivre des cours que d'aller au café, parce que ce passe-temps, plus triste, est toutefois meilleur à leur estomac, pourront longtemps encore entendre les mêmes savants débiter leur même sublime science. Seignobos ne sera à la retraite que dans quatre ans, Michaut dans une vingtaine d'années, et grâce au Ciel, Aulard est inamovible; lui a une chaire à vie; lui est un don que notre bonne Ville de Paris a fait à l'Université en considération de sa valeur spéciale. Mais ce n'est pas une valeur à lot! Personne ne peut gagner et emporter Aulard. Il appartient pour toujours au public et à la Nation.

Devant cet état de choses si brillant le Ministre ne peut rien... que sourire, s'il a de l'esprit; car par définition il est irresponsable. Il a des bureaux qui ne sont occupés que de l'heure où ils ferment, et s'il veut savoir, comme voici quelques semaines, de quelle façon tel professeur fut appelé à la Sorbonne, on lui fournit un dossier plein de papiers inutiles, mais où ne reste pas trace de la nomination scandaleuse. Toujours la Farce! Ce Royaume de la Cuistrerie ne peut plus être réformé. Il faudrait y reprendre tout par le commencement, c'est-à-dire par le Paradis terrestre, en priant Dieu de faire Adam d'un autre limon qu'il ne le fit.

En attendant, je conseillerai toujours aux

étudiants français de ne jamais mettre le pied dans les amphithéâtres de la Faculté des Lettres. J'admets qu'ils s'y donnent rendez-vous aux heures où l'on prévoit des batailles. Là, il y a une saine tradition pour des jeunes gens à qui l'on recommande l'usage des sports. Mais le reste, qui est l'enseignement, ne peut pas retenir leur attention. Qu'ils s'aillent promener, c'est le bon sens. La rêverie près d'un parterre de fleurs au Luxembourg, par une tiède et lumineuse après-midi, voilà de quoi enrichir cent fois plus une jeune âme que tous ces cours publics, scientifiques et archinuls.

On peut passer deux ans, trois ans, vingt ans à la Faculté des Lettres sans y vivre une heure d'émotion. En revanche, à l'âge de la confiance et de l'espoir, Aulard vous y persuade que toute recherche est vaine, Seignobos que le passé est indéchiffrable, Basch que le présent est fou, Puech et Martha qu'on peut remplir les heures avec rien.

On offre son esprit. « Avez-vous des

fiches ? » dit Lanson. On a le cœur ému par Ronsard et Racine : « Quelles sont vos sources ? » dit Michaut.

Pas une idée. Pas un élan. Du travail de mineur, derrière un lumignon fumeux. Collations, collections, confrontations, travaux de prison !

Ces Docteurs savantissimes opposent la Science de l'Histoire à la Légende, et la Science des Lettres à la Poésie. Mais la Poésie et la Légende sont fortes parce qu'elles sont belles, et elles rient, en sœurs qui s'aiment, de ces bâtardes.

Toute âme jeune connaît des heures de force où elle veut savoir, des heures de faiblesse où elle a besoin de croire. L'étudiant, lorsque sonnent ces heures-là, n'a qu'à fuir la Sorbonne, et à courir chez l'ami, riche de la meilleure cave, pour boire, en causant, les coudes sur la table. Le doux esprit de la France chantera bientôt en lui, et il dira comme un que j'ai connu, tout attendri par un vieux vin :

— Nos pauvres maîtres *ne sont pas sensibles!...*

Ils ne sont rien. La Démocratie les entretient et les chérit, parce qu'elle a d'abord le goût du médiocre. Elle vit dans la terreur de l'homme rare, qui pourrait être un chef, et qui la tuerait. Elle aime les Aulard et leur travail de taupes, tous les autres et leur stérilité. Avec eux elle est tranquille. Elle contemple son peuple, et elle se dit : « Je les abêtis. Ils m'aimeront plus aisément ! » — L'Ecole avec un grand E, l'Université avec un grand U, voilà la ritournelle la plus chère aux plus récentes démagogies. Un pion pour dix jeunes gens : le pays est sauvé, et l'âge d'or commence !

A pareilles âneries il faudrait répondre en jouant du tambour ou des cymbales. Je n'en ai pas. Je terminerai donc moins bruyamment, par le simple récit d'un miracle.

— D'un miracle ?

— D'un vrai, contrôlé par moi, et que je dédie, — cela s'entend, — aux organisateurs du grand banquet du 13 avril, puisque c'est eux qui ont su, sans que je le dise, que j'avais fait campagne contre la Sorbonne au nom des religions.

Messieurs, un jour de l'hiver dernier, dans l'amphithéâtre Richelieu, où se trouvent quelques statues de grands hommes, la salle étant pleine et l'air surchauffé, il arriva que les murs coulèrent, et je fus frappé soudain de voir que lesdits grands hommes avaient le visage qui transpirait !

J'en reçus un coup !

Désormais, j'étais incapable de suivre la leçon... Mes yeux ne pouvaient quitter ces malheureux... Vous me direz : « C'était de la vapeur d'eau ! » Je ne puis me résoudre à le croire.

Il y a dans toute chose un sens plus mystérieux que ce que la Science explique. Je suis sûr, — comme s'ils me l'avaient dit eux-mêmes, — que ces hommes de marbre, à force d'être constamment là, condamnés toujours à entendre des pauvretés, symbolisaient pour une fois, d'une manière insigne, et comme surnaturelle, l'enthousiasme des auditeurs de la veille, du jour et du lendemain.

Mai 1921.

TABLE DES CHAPITRES

PARIS — IMPRIMERIE MICHELS FILS
6, 8 et 10, Rue d'Alexandrie.